5만 년 전
사피엔스가 오스트레일리아에
도착하면서 그곳에 살던
거대한 동물들이 멸종했다.

7만 년 전
사피엔스가 이야기하는
힘을 가지게 되었고,
아프리카를 떠났다.

4만 년 전
예술이 생겨났다.

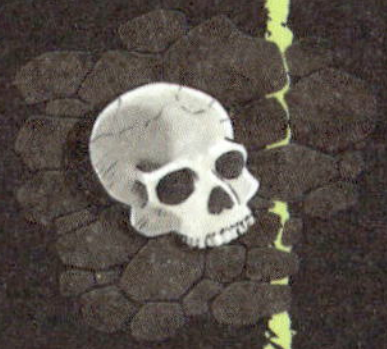

3만 5000년 전
네안데르탈인이 멸종했다.
인류 가운데 사피엔스만
살아남았다.

30만 년 전
사피엔스가
아프리카에서
진화했다.

1만 5000년 전
사피엔스가 아메리카 대륙으로
퍼져 나가면서 그곳에 살던
거대한 동물들이 멸종했다.

40만 년 전
네안데르탈인이 유럽과
중동에서 진화했다.

Author: Yuval Noah Harari
Illustrator: Ricard Zaplana Ruíz

C.H.Beck & dtv:
Editors: Susanne Stark, Sebastian Ullrich

Sapienship Storytelling:
Production and management: Itzik Yahav
Management and editing: Naama Avital
Marketing and PR: Naama Wartenburg
Editing and project management: Nina Zivy
Research assistant: Jason Parry
Copy-editing: Adriana Hunter
Diversity consulting: Slava Greenberg
Design: Hanna Shapiro
www.sapienship.co

Cover illustration: Ricard Zaplana Ruíz

Unstoppable Us 1: How we took over the World
Copyright © 2022 Yuval Noah Harari.
ALL RIGHTS RESERVED.

Korean translation copyright © 2023 by Gimm-Young Publishers, Inc.
All rights reserved, including the right of total or partial reproduction in any form.
This Korean edition was published by arrangement with Yuval Noah Harari.

이 책의 저작권은 저작권자와의 독점 계약으로 (주)김영사에 있습니다.
저작권법에 의해 한국 내에서 보호를 받는 저작물이므로 무단 전재와 무단 복제를 금합니다.

멈출 수 없는 우리 ❶ 인간은 어떻게 지구를 지배했을까

1판 1쇄 발행 | 2023. 2. 27. 1판 5쇄 발행 | 2025. 11. 10.

유발 하라리 글 | 리카르드 루이스 그림 | 김명주 옮김

발행처 김영사 | **발행인** 박강휘 | **편집** 문자영 | **디자인** 김민혜 | **마케팅** 서영호 | **홍보** 조은우
등록번호 제 406-2003-036호 | **등록일자** 1979. 5. 17. 주소 경기도 파주시 문발로 197(우10881)
전화 마케팅부 031-955-3100 | 편집부 031-955-3113~20 | 팩스 031-955-3111

값은 표지에 있습니다.
ISBN 978-89-349-5898-7 73900

좋은 독자가 좋은 책을 만듭니다. 김영사는 독자 여러분의 의견에 항상 귀 기울이고 있습니다.
전자우편 book@gimmyoung.com | 홈페이지 www.gimmyoung.com

|어린이제품 안전특별법에 의한 표시사항| 제품명 도서 제조년월일 2025년 11월 10일
제조사명 김영사 주소 10881 경기도 파주시 문발로 197 전화번호 031-955-3100 제조국명 대한민국
사용 연령 11세 이상 ⚠주의 책 모서리에 찍히거나 책장에 베이지 않게 조심하세요.

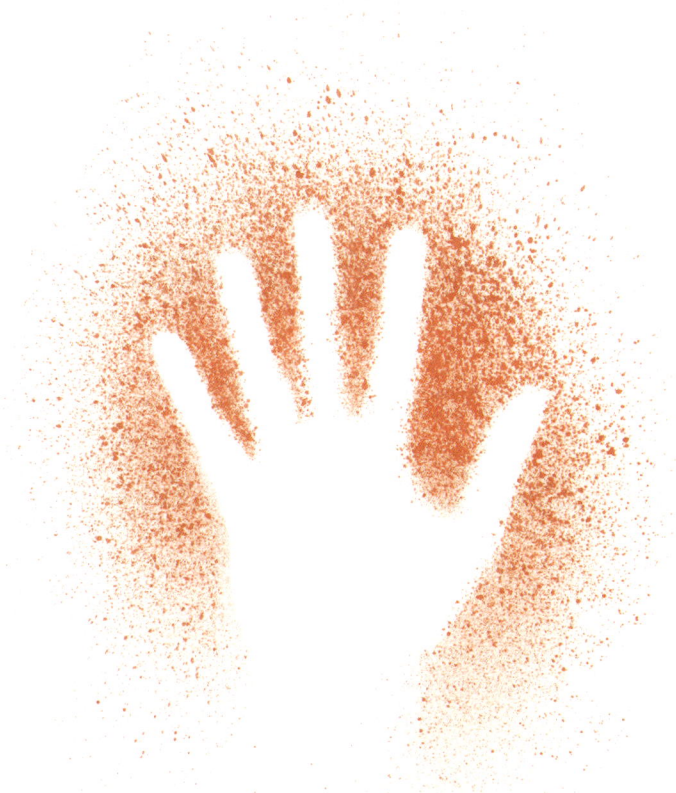

"우리는 지구인이다.
우리는 행성 지구에서
코끼리, 나무, 벌, 해파리와 함께 산다.
이 책은 우리가 지구에서 한 일들을 기록한 것이다."

유발 하라리

예루살렘 히브리 대학교 역사학과 교수. 우리 시대 가장 영향력 있는 지성인. 옥스퍼드 대학교에서 중세 전쟁사로 박사 학위를 받았다. 2020년과 2018년 다보스에서 인류의 미래에 관한 기조 연설을 했다. 2019년에는 엔터테인먼트와 교육 부문을 담당하는 '사피엔스십'을 세워, 오늘날 세계가 직면한 글로벌 문제들에 대한 대화를 이끌어 내기 위한 방법을 모색하고 있다. 현재 역사와 생물학의 관계, 호모 사피엔스와 다른 동물의 차이점, 21세기에 과학과 기술이 제기하는 윤리적 문제 등을 연구하고 있다. 대표작 《사피엔스》《호모데우스》《21세기를 위한 21가지 제언》은 65개국에서 4000만 부 이상 판매된 세계적인 베스트셀러이다. 특히 《사피엔스》는 〈사피엔스: 그래픽 히스토리〉 시리즈로 쉽고 재미있게 재탄생시켰다. 그리고 2022년 출간한 〈멈출 수 없는 우리〉는 '뉴욕 타임스 베스트셀러'에도 올랐다.

리카르드 사플라나 루이스 그림

바르셀로나에서 태어난 디자이너이자 일러스트레이터이다. 2014년부터 어린이와 청소년을 위한 책과 잡지에 그림을 그리고 있으며, 영화와 텔레비전의 애니메이션 및 스토리 작업에도 참여했다.

김명주 옮김

성균관대학교 생물학과, 이화여자대학교 통역번역대학원을 졸업했다. 주로 과학과 인문 분야 책들을 우리말로 옮기고 있다. 옮긴 책으로 《호모 데우스》《사피엔스: 그래픽 히스토리》《자연은 어떻게 발명하는가》《인간이 만든 물질, 물질이 만든 인간》《세상을 바꾼 길들임의 역사》 등이 있다.

멈출 수 없는 우리

1
인간은 어떻게 지구를 지배했을까

유발 하라리
리카르드 사플라나 루이스 그림 | 김명주 옮김

주니어김영사

모든 존재들에게 : 이미 죽었거나, 살아 있거나, 곧 탄생할 모든 이들에게.
지금 이 세상은 우리의 조상이 만들어 냈어요.
앞으로 세상이 어떻게 될지는 우리가 선택해 나가는 거예요.

| 이 책에 대해

과학의 위대한 점은 새로운 사실을 계속 발견한다는 데 있어. 과학자들은 해마다 새로운 발견으로 세계에 대해 우리가 알던 지식을 바꿔 놓지. 이 책은 가장 최근의 과학적 사실을 따랐어. 하지만 과학자들도 몇 가지 지점에 대해서는 의견이 엇갈리지. 그리고 인류 역사의 일부분은 언제까지나 수수께끼에 싸여 있을 거야. 그렇다고 모든 것이 논란거리라는 뜻은 아니야. 지구상에 많은 종류의 인류가 살았다는 것은 확실해. 그리고 유일하게 살아남은 인류인 우리가 식물과 동물을 길들이는 방법을 터득했고, 도시와 제국을 건설했으며, 우주선과 원자 폭탄과 컴퓨터를 발명했다는 것도 확실한 사실이야. 이런 위대한 변화들이 지금 네가 살아가는 세계를 만들었어. 어쩌면 언젠가 너도 세계에 대한 모든 사람의 생각을 바꿀 무언가를 발견할지도 모르지.

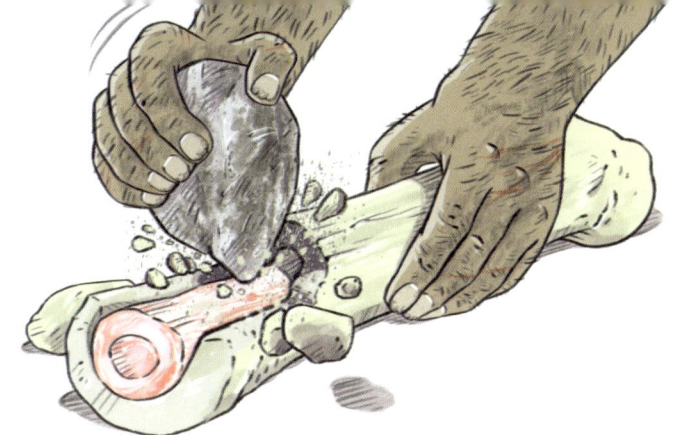

차례

역사 연대표

이 책에 대해 …………………………………… 08

한국어판 서문 ………………………………… 10

머리말_인간이란 무엇일까 …………………… 12

1장 인간이란 동물이다 ……………………… 14

2장 사피엔스의 슈퍼 파워 …………………… 44

3장 우리 조상들은 어떻게 살았을까 ………… 76

4장 그 많은 동물은 어디로 갔을까 …………… 134

감사의 말 ……………………………………… 168

역사 세계 지도

한국어판 서문

사람들이 정답이라고 생각하는 것들이 진실일까?

　우리가 살고 있는 세상은 죽은 사람들이 머릿속으로 그렸던 꿈이야. 신, 국가, 돈, 사랑에 대해 우리가 믿는 이야기들은 옛날 사람들이 지어낸 이야기들이지. 오늘날 우리가 어떻게 행동하는지를 결정하는 건 이런 옛날 이야기들이야. 왜 어떤 사람은 으리으리한 궁전에 살고, 어떤 사람은 오두막에 살면서 매일 궁전을 청소하러 갈까? 왜 사람들은 전쟁을 할까? 여성이 대통령이 될 수 있을까? 사람들은 이런 질문들에 대한 답을 알고 있다고 생각하지. 하지만

사람들이 정답이라고 생각하는 것들이 진실일까? 아니면 오래 전 누군가가 지어낸 이야기일 뿐일까? 역사를 배우면 무엇이 진실이고, 무엇이 옛날 사람들이 지어낸 이야기인지 알 수 있어. 역사를 배우는 목적은 그저 오래 전에 일어났던 일을 외우는 것이 아니야. 역사를 배우는 진짜 목적은 죽은 사람들의 꿈에서 자유로워지는 거야.

2023년 2월 유발 하라리

머리말

인간이란 무엇일까

어른이 되는 건 어려운 일이야. 너와 네 친구들뿐만 아니라 모든 사람이 그래. 동물도 마찬가지지.

새끼 사자가 어른이 되려면 달리기와 얼룩말 사냥법을 배워야 해. 새끼 돌고래는 헤엄치기와 물고기 잡는 법을 배워야 하고. 새끼 독수리는 날기와 둥지 짓는 법을 배워야 하지. 이 가운데 어떤 일도 쉽지 않아.

그런데 사람은 어른이 되기가 훨씬 어려워. 반드시 배워야 하는 게 무엇인지 아리송하기 때문이야. 사자는 달리고, 얼룩말을 잡아. 돌고래는 헤엄치고, 물고기를 잡지. 독수리는 날고, 둥지를 지어. 그런데 사람은 무엇을 배워야 할까?

네가 어른이 되면 사자보다 훨씬 빨리 달리는 자동차를 몰 수 있어. 돌고래보다 더 멀리 헤엄치는 배를 운전하고, 독수리보다 높이 나는 비행기를 조종할 수도 있지. 아마 그 밖에도 동물들은 상상도 하지 못하는 수많은 일을 할 거야. 예를 들어 새로운 컴퓨터 게임을 개발하고, 새로운 약을 발견하고, 화성 탐사를 이끌 수도 있겠지. 아니면 하루 종일 집에서 텔레비전만 볼 수도 있어. 사람은 할 수 있는 일이 아주 많아. 그래서 사람으로 사는 건 간단하지 않아.

하지만 네가 결국에 무엇을 하건, 애초에 우리 인간에게는 왜 그렇게 선택지가 많은지 알아 두는 게 좋아. 왜냐하면 행성 지구를 우리가 지배하고 있기 때문이야.

머리말

옛날에는 여러 가지 다른 동물들이 지구를 지배했지. 땅은 사자와 곰, 그리고 코끼리가 지배했어. 바다는 돌고래와 고래, 그리고 상어가 지배했고, 하늘은 독수리와 올빼미, 그리고 콘도르가 지배했지. 하지만 지금은 사람이 모두를 지배해. 땅도, 바다도, 하늘도. 우리가 자동차나 배, 또는 비행기를 타고 가면 사자와 돌고래와 독수리는 옆으로 비켜나야 해. 그것도 잽싸게 말이지! 우리가 숲을 가로지르는 고속도로를 내도 동물들은 우리를 막을 수 없어. 우리 인간이 댐을 쌓아 강을 막아도, 바다와 하늘을 오염시켜도, 동물들은 그저 지켜볼 도리밖에 없어.

이제는 인간의 힘이 너무 강해져서 다른 모든 동물의 운명을 쥐락펴락하게 되었어. 사자와 돌고래, 그리고 독수리가 아직 사라지지 않은 이유는 우리가 그들을 그냥 놔두었기 때문이야. 만일 인간이 사자와 돌고래와 독수리를 싹 없애겠다고 마음먹으면 그들이 사라지는 건 시간문제야. 당장 내년부터 그들을 보지 못할 수도 있어. 놀라운 힘이지. 이 힘은 좋게 쓸 수도, 나쁘게 쓸 수도 있어. 인간으로 살아가기 위해서는 네가 가진 힘의 정체와 그 힘으로 무엇을 할 수 있는지 알아 두어야 해.

그러려면 먼저, 우리가 애초에 어떻게 그런 대단한 힘을 갖게 되었는지 알아야겠지.

우리 인간은 사자처럼 힘이 세지도 않고, 돌고래처럼 능숙하게 헤엄치지도 못하고, 날개도 없잖아! 그런데 어떻게 지구를 지배하게 됐을까?

이 질문의 답은 네가 들어 본 어떤 이야기보다 기묘할 거야.

그리고 이건 실제로 일어났던 일이야.

1장

인간은 동물이다

우리도 야생 동물이었어

이이야기는 수백만 년 전에 시작해. 그때 인간은 아주 평범한 동물이었지. 집을 짓고 살지도 않았고, 회사나 학교에 다니지도 않았고, 자동차와 컴퓨터와 슈퍼마켓도 없었어. 사람들은 산과 들에 살았지. 나무에 올라가 열매를 따고, 먹을 만한 버섯을 찾아 코를 킁킁거리며 다니고, 눈에 띄는 지렁이와 달팽이와 개구리를 잡아먹었어.

기린이나 얼룩말, 개코원숭이 같은 다른 동물들은 사람을 무서워하기는커녕 별로 신경 쓰지도 않았어. 언젠가 인간이 달나라에 가고, 원자 폭탄을 만들고, 지금 네가 읽고 있는 책을 쓸 거라고는 아무도 상상하지 못했지.

처음에는 도구를 만들 줄도 몰랐어. 이따금 돌로 열매를 깨뜨렸을 뿐, 활과 화살, 창과 칼 같은 건 없었어. **인간은 다른 동물들에 비해 약했어.** 그래서 사자나 곰이 나타날 때마다 도망쳐야 했지. 그것도 부리나케 말이야.

많은 아이가 그렇듯, 너도 한밤중에 깼다가 침대 밑에 괴물이 있는 것 같아서 무서웠던 적이 있을 거야. 그건 먼 옛날의 기억 때문이야. 옛날에는 실제로 한밤중에 괴물이 아이들에게 슬며시 다가왔거든. 밤중에 바스락 소리를 들었다면, 사자가 너를 잡아먹으러 다가오는 소리일 수도 있었어. 그럴 때 잽싸게 나무 위로 올라간다면 살겠지만, 다시 잠든다면 사자한테 잡아먹혔을 거야.

때때로 사자가 기린을 잡아먹으면, 사람들은 멀찍이 떨어져서 지켜보곤 했어. 사자가 고기를 남길지도 모르니까. 하지만 너무 무서워서 가까이 가지는 못했지. 사자가 자리를 떠나도 사람들은 감히 가까이 가지 못했어. 이번에는 남은 고기를 먹으러 오는 하이에나 무리 때문이지. 사나운 하이에나 무리에

게 덤비는 건 엄두도 내지 못했어. 다른 동물들이 다 떠나고 나서야 사람들은 살금살금 다가가 찌꺼기가 있는지 살펴봤지만……, 남은 건 뼈뿐이었지. 그들은 괜히 어깨를 으쓱하고는 다시 무화과 같은 열매를 찾으러 갔지.

그런데 그때 누군가가 멋진 생각을 떠올렸어. 그는 돌을 잡고 뼈를 내리쳤어. 그러자 뼈가 부서지며 골수가 흘러나왔어. 골수는 뼈 가운데 들어 있는 즙이야. 골수를 먹어 보니 맛이 괜찮았어. 다른 사람들도 그걸 보고 따라 했지. 곧 모두가 돌로 뼈를 부수어 골수를 먹게 됐어. 드디어 사람만이 할 수 있는 특별한 무언가가 생긴 거야!

동물들은 저마다 자신만의 특기를 가지고 있어. 거미는 거미줄을 치고 파리를 잡아. 벌은 벌집을 지어 꿀을 생산하지. 딱따구리는 나무줄기에서 애벌레를 뽑아 먹어. **어떤 동물은 신기한 재주를 가졌어.** 예를 들어 청소부 물고기가 그렇지. 이 작은 물고기는 상어를 졸졸 따라다니면서 상어가 식사를 끝낼 때까지 기다려. 상어가 작은 참치를 씹어 먹고 입을 크게 벌리면, 그때 청소부 물고기들이 상어 입안으로 헤엄쳐 들어가서 이빨 사이에 낀 참치 찌꺼기를 청소하는 거야. 상어는 스케일링을 공짜로 받아서 좋고, 청소부 물고기는 푸짐한 식사를 해서 좋은 셈이지. 신기하게도 상어는 청소부 물고기가 입안으로 들어오면 그걸 어떻게 아는지 절대로 잡아먹지 않아.

이제 고대 인간에게도 특별한 재주가 생겼어. 그들은 돌로 뼈를 쪼개서 안에 든 골수를 먹는 방법을 알아냈지. 더욱더 중요한 점 하나. 인간은 도구를 만들면 도움이 된다는 걸 알았어.

그들은 막대기와 돌을 사용해 온갖 종류의 도구를 만들기 시작했어. 단지 뼈를 쪼개는 도구만이 아니라, 바닷가 바위에서 굴을 따고, 들판에서 양파와 당근을 캐고, 도마뱀이나 새처럼 작은 동물을 잡는 도구도 만들었지.

그러다 인간은 막대기와 돌보다 훨씬 놀라운 도구를 발견했어. 바로 **불을**

사용하는 방법을 발견한 거야! 불은 매섭고 사나워. 사자는 얼룩말 한 마리를 잡아먹고 나면 벌써 배가 불러서 드러누워 곯아떨어져. 그런데 불은 나무 한 그루를 삼켜도 배가 부르기는커녕 더 고파져서 다른 나무로 거침없이 옮겨붙어. 불은 하루 만에 숲을 몽땅 집어삼키고 재만 남겨 놓지. 번지지 않게 하려고 불을 만지거나 잡으려 하면 그마저도 태워 버리고 말아. 그래서 **모든 동물은 불을 무서워해.** 사자보다 불을 훨씬 무서워하지. 심지어 사자들도 불을 겁낼 정도니까.

하지만 몇몇 고대 인간이 그 무서운 불에 관심을 가지기 시작했어. 막대기와 돌을 사용하듯이 불을 사용할 수 있다면…….

춤추듯 타오르는 불꽃을 멍하니 바라보고 있으면 기분이 좋아질 때가 있지 않아? 그것도 고대 인간이 우리에게 남겨 준 기억 때문이야. 인간은 처음에는 아주 조심스럽게 불에 다가가서 멀찌감치 떨어져 지켜봤어. 그러다 그들은 번개가 쳐서 나무에 불이 붙으면 그 주위에 둘러앉아 빛과 온기를 즐길 수 있다는 것을 깨달았겠지. 게다가 불이 타고 있으면 위험한 동물이 다가오지 못하는 점도 좋았어.

요리사는 뇌가 크다

인간은 불을 오랫동안 지켜보다가 차츰 불에 대해 알게 됐어. 불은 거칠고 사나웠지만 몇 가지 규칙을 따른다는 사실을 깨달았지. 사람들은 불과 친구가 될 수 있었어. 그들은 불타고 있는 나무에 기다란 막대기를 밀어 넣고, 막대기 끝에 불이 붙으면 다시 꺼냈어. **인간이 불붙은 막대기를 손에 넣은 순간이었지.** 그 불은 그들을 태우지 않았지만, 그들은 불붙은 막대기로 뭐든 태울 수 있었어. 쓸모가 아주 많았지! 사람들은 불을 가지고 다니며 추위를 물리치고 사자를 겁주었어.

하지만 아직 한 가지 큰 문제가 있었지. 아직까지 불을 피우는 방법을 몰랐어. **번개가 치기만을 기다리는 건 답답한 노릇이지.** 몸이 젖고 추워서 나무 근처에 백날 앉아 있어도 번개가 치지 않는다면? 게다가 사자가 쫓아오고 있다면? 몇 초도 기다릴 수 없어. 당장 불이 필요하지!

마침내 사람들은 이 문제를 해결할 방법을 알아냈어. 한 가지 방법은 부싯돌을 '황철석'이라는 돌에 부딪치는 거였어. 둘을 세게 부딪치면 불꽃이 일어났고, 그 불꽃을 마른 잎에 닿게 하면 불이 붙어 타오르기 시작했지.

또 바싹 마른 큼지막한 나뭇조각을 이용하는 방법도 알아냈어. 나뭇조각에 구멍을 파고 구멍 안에 마른 잎을 집어넣어. 그러고 나서 나뭇가지의 한쪽 끝을 뾰족하게 깎아서 구멍에 넣은 후, 두 손으로 나

1장_인간은 동물이다

 나뭇가지를 몇 분 동안 아주 빠르게 비비면 돼.

 그러면 나뭇가지 끝이 점점 뜨거워지다가 곧 마른 잎에 불이 붙어. 구멍에서 연기가 피어오르기 시작하다가 불꽃이 타오르지. 불이야! 이제는 사자가 나타나도 불붙은 막대기를 흔들기만 하면 돼. 사자는 불을 보면 도망갈 테니까.

 불을 사용하면서, 인간은 특별한 존재로 거듭났어. 동물은 보통 힘을 쓸 때 몸을 이용해. 강한 근육, 커다란 이빨, 날카로운 발톱을 이용하지. 하지만 인간은 불 덕분에 신체 조건과 상관없는 무한한 힘을 손아귀에 넣었어. 불붙은 막대기만 있으면, 약한 인간 혼자서 몇 시간 안에 숲 전체를 태워 수천 그루 나무를 파괴하고 수천 마리 동물을 죽일 수 있었지.

 불은 이렇게 사자를 쫓아내 주고, 온기와 빛을 가져다주었어. 하지만 가장 중요한 점은 불 덕분에 고대 **인간이 요리할 수 있게 되었다는 거야.**

 불을 사용하기 전에, 인간은 날것을 먹느라 시간과 힘이 많이 들었어. 잘게 잘라 오래 씹어야 했으니까. 그래도 소화가 잘 되지 않았지. 그래서 인간은 큰 이빨과 큰 위가 필요했고, 인내심도 길러야 했어. 그런데 불을 사용하

멈출 수 없는 우리

면서 **먹는 일이 한결 수월해졌어.** 요리를 하니까 음식이 부드러워져서 먹고 소화하는 데 드는 시간과 힘이 줄었지. 그 결과 사람들 몸이 변하기 시작했어. 이빨과 위가 작아졌고, 무엇보다 자유 시간이 아주 많이 생겼지!

너도 직접 시험해 봐. 누군가 감자를 요리하고 있으면, 생감자를 맛보겠다고 말해 봐. 먹으라는 말은 아니야! 그냥 감자 조각을 살짝 물고 혀를 대 보기만 해. 아마 곧장 감자를 뱉어 내고 입을 헹구고 싶을걸. 딱딱하고 맛이 없거든! 하지만 익힌 감자는 맛있어. 너희 집에서는 부엌에서 불을 직접 피우지 않고 난로나 오븐, 또는 전자레인지에서 감자를 요리할 거야. 하지만 모든 요리는 불을 피우면서부터 시작되었어. 그러니 네가 구운 감자나 감자튀김을 좋아한다면, 네 친구 '불'에 고마워해야 해.

어떤 과학자들은 요리 덕분에 인간의 뇌가 커졌다고 주장하기도 해. 뇌가 요리와 무슨 관계가 있을까?

인간이 커다란 이빨로 음식을 씹고 큰 위로 소화하느라 많은 시간과 에너지를 써야 했을 때는 뇌에 쓸 에너지가 별로 남지 않았어. 그래서 위가 컸던 최초의 인류는 뇌가 작았지. 요리를 시작하면서 모든 게 달라졌어. 씹고 소화하는 데 드는 에너지가 줄어드니까 뇌를 키우는 데 더 많은 에너지를 쓸 수 있었지. 그래서 위는 줄어들었고, 뇌가 커져서 사람들은 더 똑똑해졌어.

하지만 불이 가져온 변화를 과장해서는 안 돼. 고대 인간이 더 똑똑해진 건 분명해. 그들은 도구를 만들고, 불을 사용하고, 얼룩말이나 기린을 사냥할 수 있었지. 사자와 곰으로부터 자신을 지킬 수도 있었어. 하지만 그 정도가 고작이었지. 인간은 여전히 야생 동물 가운데 하나였어. 세계 지배는 꿈도 꾸지 못했지.

왜 인간은 한 종류뿐일까

오늘날 세계 곳곳에 사는 사람들은 생김새도 조금씩 다르고 사용하는 언어도 다르지만, 사실 우리는 모두 같은 종류야. 네가 중국, 이탈리아, 그린란드, 남아프리카공화국 어디를 가더라도 네가 만나는 사람들은 모두 같은 종류의 인간이지.

물론 중국인, 이탈리아인, 그린란드인, 남아프리카공화국인은 머리카락 색깔과 피부색이 다르지만, **피부 밑으로는 모두 비슷한 몸, 비슷한 뇌, 비슷한 능력을 가졌어.** 중국인은 이탈리아어를 배울 수 있고, 그린란드인은 남아프리카공화국인과 축구 경기를 할 수 있으며, 모두가 힘을 합쳐 우주선을 만들 수도 있어.

그런데 이렇게 넓은 세계에 인간이 한 종류밖에 없다는 게 이상하지 않아? 개미, 뱀, 곰은 다양한 종류가 있잖아. 얼음으로 뒤덮인 그린란드에는 북극곰이 살고, 캐나다 산속에는 회색곰이 살고, 루마니아 숲에는 불곰이 살고, 중국 대나무 숲에는 판다가 살아. 그런데 이 모든 곳에서 사람들은 왜 한 종류뿐일까?

사실 지구에는 오랫동안 많은 종류의 인간이 살았어. 인간은 세계 여러 지역에서 저마다 다른 동물과 식물, 기후를 상대해야 했으니까. 어떤 사람들은 눈이 많이 오는 높고 깊은 산속에서 살았고, 어떤 사람들은 해가 쨍쨍 내리쬐는 열대 바닷가에서 살았어. 또 어떤 사람들은 사막에서 번성했고, 어떤 사람들은 늪지에서 번성했지. 인간은 100만 년 넘게 각 지역의 고유한 환경 조건에 적응했고, 그러면서 점차 서로 달라지게 되었어. 곰들과 마찬가지로.

그렇다면 왜 지금은 한 종류의 인간만 살고 있을까? 다른 종류들은 어떻게 됐을까? 다른 종류는 끔찍한 재앙으로 모두 죽고 **우리 종류만 살아남았지**. 그 재앙이 무엇이냐고? 사람들은 쉬쉬하며 드러내 놓고 말하기를 꺼리지. 이 비밀이 무엇인지는 조금 뒤에 이야기해 볼 거야. 그보다 먼저 한때 세계 곳곳에서 살았던 다른 종류의 인간들에 대해 알아볼까?

작은 사람들의 섬

인류 가족을 찾아 떠나는 첫 여행지는 인도네시아의 작은 섬인 플로레스야. 100만 년쯤 전에는 플로레스섬을 둘러싼 해수면이 지금보다 낮았어. **오늘날 바닷속에 잠겨 있는 많은 지역이 그 당시에는 육지였지.** 그래서 플로레스섬은 지금보다 대륙에 훨씬 가까웠어. 호기심 많은 몇몇 사람들과 코끼리 같은 큰 동물들은 제법 수월하게 그 섬으로 건너갈 수 있었지. 그런데 그 후 해수면이 올라가는 바람에, 인간과 코끼리 모두 섬에 발이 묶여 되돌아오지 못했어.

플로레스는 작은 섬이라서, 먹을 게 별로 없었어. 그러다 보니 몸집이 큰 사람, 몸집이 큰 코끼리일수록 많이 먹어야 하니까 가장 먼저 죽음을 맞았지. 적게 먹어도 되는 몸집이 작은 사람과 코끼리는 살아남을 수 있었어. 그렇게 작은 아빠와 작은 엄마가 만나 더 작은 아기를 낳았고, 그 아기가 자라 더 작은 아기를 낳았어. 물론 태어난 모든 아기의 몸집이 똑같지는 않았지. 어떤 아기는 더 작고, 어떤 아기는 훨씬 더 작았을 거야. 그 섬에는 먹을 게 여전히 부족했으니 계속해서 더 작은 사람들이 살아남았겠지. 이렇게 다음 세대로 갈수록 플로레스섬의 사람과 코끼리는 점점 더 작아졌고……. 결국 **그들은 작은 인간과 작은 코끼리가 되었어.**

　플로레스섬의 사람과 코끼리가 점점 작아진 과정은 과학자들이 '진화'라고 부르는 변화를 보여 주는 사례야. 진화는 플로레스섬의 작은 인간뿐만 아니라 지구상의 모든 **동물과 식물이 어떻게 생겨났는지** 설명해 주지. 왜 기린이 긴 목을 갖게 되었는지, 왜 여우가 그렇게 영리해졌는지, 왜 스컹크가 지독한 냄새를 풍기는지.

　기린들이 나뭇잎을 먹기 위해 경쟁할 때, 목이 가장 긴 기린의 혀가 가장 높이 매달린 잎에 닿지. 그 기린은 더 많은 잎을 먹고 그래서 새끼를 더 많이 낳아. 그리고 그 기린의 새끼들도 목이 길 거야. 여우들이 먹이를 사냥하기 위해 경쟁할 때도, 가장 영리한 여우가 사냥에 성공해 더 많은 새끼를 낳고, 그 새끼들도 부모를 닮아 영리할 거야. 그리고 여우가 스컹크를 먹으려 할 때, 가장 지독한 냄새를 풍기는 스컹크는 구역질이 나서 먹지 않을 거야. 그래서 가장 지독한 냄새를 풍기는 스컹크가 살아남아 더욱 지독한 냄새를 풍기는 새끼 스컹크를 낳지!

　꼭 기억해야 할 점은, 진화가 일어나는 데는 여러 세대가 걸린다는 사실이야. **스컹크가 정말로 지독한 냄새를 풍기기까지는 오랜 시간이 걸렸어.** 마찬가지로 플로레스섬의 사람과 코끼리가 그렇게 작아지기까지는 수천 년이 걸렸지. 그런 일은 동화 속에서처럼 하루아침에 일어나지 않았어. 마법의 약을 마시고 갑자기 작아지거나, 마법사가 주문을 걸었더니 왕자님이 짠 하고 개구리로 변신하는 일은 없었지. 진화가 일어나는 데는 사실 너무 오랜 시간이 걸려서 아무도 그 변화를 알아채지 못했어. 매 세대에 새로 태어나는 인간과 코끼리가 부모보다 약간 더 작아졌을 뿐이지. 1000년을 사는 사람은 없어. 그래서 그 오랜 시간 동안 무슨 일이 일어나고 있는지 아무도 깨닫지 못했지.

이것은 생명에 관한 중요한 법칙 가운데 하나야. 즉 아무도 알아채지 못하는 작은 변화가 시간이 흐르면서 쌓이고 쌓여 큰 변화를 이룬다는 사실이야. 진화뿐만 아니라, 자연의 많은 것에서 같은 일이 일어나고 있어. 단단한 바위에 물방울이 떨어지는 걸 본 넌 바위가 물보다 훨씬 강하다고 생각할 거야. 물은 바위에서 금방 흘러내리고 바위는 끄떡도 하지 않으니까. 하지만 수천 년이 흘러 다시 돌아와 보면 바위에 깊은 구멍이 파여 있을 거야. 물방울 하나는 눈에 띄지 않는 차이를 만들 뿐이지만, 물방울이 수백만 번 떨어지면 결국 끈질긴 물이 단단한 바위를 뚫어 내지.

네 키가 크는 과정을 생각해 봐. 거울 속에서 네가 자라는 걸 볼 수는 없어. 한 시간 동안 서서 아무리 열심히 봐도, 키가 커졌다거나 머리카락이 길어졌다는 느낌이 들지 않아. 매일 아침 거울을 보면 어제와 똑같아 보여. 하지만 20년 후에 너는 전혀 다른 모습일 거야. 어떻게 된 일일까? 어느 특별한 날 마법의 알약을 먹고 한숨 자고 일어났더니 어른이 된 걸까? 그렇지 않아. 너는 날마다 아주 조금씩 변하고, 그 작은 변화가 수년간 쌓여서 어른이 되지.

이것이 키가 자라는 방법이야. 물이 바위에 구멍을 뚫는 방법이지. 그리고 플로레스섬의 인간이 작아진 방법이기도 해. 천천히, 천천히, 한걸음씩 변해 가지.

작은 인간은 아주 오랜 세월 동안 플로레스섬에 살았지만, 다른 종류 인간을 모두 죽인 그 재앙 때문에 멸종했어. 그래서 최근까지 **작은 인간이 존재했다는 사실을 아무도 알지 못했지.** 그 사실을 알고 있던 사람이 아예 없지는 않았어. 플로레스섬에 사는 몇몇 사람들은 옛날에 깊은 정글에 살았던 작은 인간 무리에 대해 이야기하곤 했어. 섬사람들은 그 작은 인간 부족을 '에부 고고'라고 불렀지. '먹보 할머니'라는 뜻이래. 이 이야기에 나오는 작은 사람들은 그야말로 뭐든 먹으니까! 하지만 대다수 사람들은 그냥 동화일 뿐이라고 여기면서 흘려 버렸어.

그러다 몇 해 전, 고고학자들이 플로레스섬의 한 동굴에 들어가 땅을 파 보았어. 고고학자는 먼 옛날 사람들이 어떻게 살았는지 알아낼 실마리를 찾기 위해 온갖 이상한 장소를 다니며 땅을 파헤치는 과학자들이야. 그들은 플로레스섬의 그 동굴에서 놀라운 무언가를 발견했어. 아주 오래된 돌 도구, 모닥불을 피운 흔적, 코끼리들 뼈, 무엇보다 5만여 년 전에 그 섬에서 살았던 몇몇 작은 사람들의 뼈까지.

고고학자들은 처음에 그 뼈가 어린아이의 골격이라고 생각했어. 하지만 어른의 뼈로 밝혀졌지. '에부 고고'가 상상으로 지어낸 이야기가 아니었다니! **옛날 옛적에 플로레스섬에는 정말로 작은 인간이 살았어.** 이 고대 인간은 키가 1미터 정도였고, 몸무게는 25킬로그램쯤 나갔지. 그래도 그들은 도구를 만들어 사용했고, 작은 코끼리를 사냥하기도 했어.

고대 인류 가문의 가족들

플로레스섬에 정착한 인류가 작아지는 동안, 유럽과 아시아의 많은 지역에서 또 다른 종류 인류가 진화했지. 그런 지역들은 날씨가 꽤 추웠기 때문에 그들은 추운 기후에 적응해야 했어. 과학자들은 그들을 '네안데르 계곡에서 온 사람들'이라고 불러. 보통은 짧게 줄여 '네안데르탈인'이라고 하지. 그들이 처음 발견된 곳이 독일 네안데르 계곡의 한 동굴이었기 때문이야. 네안데르탈인은 오늘날 우리와 키가 비슷했지만, 체격이 더 크고 힘이 훨씬 셌어. 우리보다 뇌도 더 컸지.

네안데르탈인은 그 큰 뇌로 무엇을 했을까? 그들은 자동차나 비행기를 만들지도 않았고 책을 쓰지도 않았어. 하지만 도구와 장신구를 비롯해 많은 물건을 만들었던 것 같아. 어쩌면 우리보다 새소리를 훨씬 잘 알아듣고, 동물을 훨씬 빠르게 쫓고, 춤을 추고 꿈을 꾸는 것도 더 잘했을지도 몰라. 뭐 그럴지도 모른다고. 아닐 수도 있지만. 확실한 건 몰라.

우리는 과거에 대해 아직 모르는 게 많아. **모르면 모른다고 하는 게 최선이야.** 과학에서는 모르는 것을 '모른다'고 인정하는 게 특히 중요해. 그게 첫걸음이지. 모른다는 사실을 인정해야 답을 찾기 시작할 테니까. 이미 알고 있다면 답을 찾을 이유가 없잖아?

2008년에 고고학자들은 또 하나 놀라운 발견을 했어. 시베리아의 데니소바동굴을 조사하다가 고대 인간의 뼛조각을 찾아낸 거야. 5만 년쯤 전에 살았던 여자아이의 새끼손가락 뼈였어.

뼈를 자세히 조사한 고고학자들은 이 여자아이가 이제껏 알려지지 않은

인류라는 사실을 알아냈어. 그 여자아이는 네안데르탈인도 아니었고, 플로레스섬의 작은 인간도 아니었어. 우리와도 꽤 달랐지. 그 고고학자들은 소녀와 소녀의 친족을 '데니소바인'이라고 부르기로 했어. 손가락뼈가 발견된 동굴 이름에서 따온 거야.

이 손가락뼈의 주인이 네안데르탈인이 아니라 우리가 몰랐던 인류라는 사실을 어떻게 알까? 우리 몸의 각 부분은 수많은 작은 세포로 이루어져 있어. 그 세포들이 모여서 코, 심장, 손가락을 만들지. 이 세포들에는 저마다 무슨 일을 해야 하는지 알려 주는 '사용 설명서'가 한 권씩 들어 있어. 이 사용 설명서는 어떤 세포에게는 코를 만들라고 지시하고, 어떤 세포에게는 손가락을 만들라고 지시해. 너의 침, 뼈, 그리고 머리카락 뿌리에도 이 사용 설명서가 한 권씩 들어 있어. 사용 설명서가 없다면 네 몸은 침, 뼈, 머리카락을 만드는 방법을 알지 못할 거야.

이 사용 설명서를 디엔에이(DNA)라고 해. DNA는 맨눈으로는 볼 수 없어. 하지만 침방울, 뼛조각, 머리카락을 성능이 뛰어난 현미경으로 보면, 세포 안에 뭉쳐 있는 DNA가 보여. 여러 가지 특수한 도구를 이용하면 DNA에 담긴 지시를 읽을 수도 있어. 어두운 피부색을 가진 사람들의 DNA에는 어두운 피부를 만드는 지시가 들어 있어. 밝은 피부색을 가진 사람들의 DNA에는 밝은 피부를 만드는 지시가 들어 있지.

따라서 누군가의 DNA를 한 조각이라도 구해서 관찰한다면 그 사람에 대해 많은 정보를 알 수 있어. 그 사람이 오래전에 죽었다고 해도 마찬가지야! **DNA는 사람이 죽은 뒤에도 수천 년을 살아남거든.** 특히 차갑고 건조한 장소에서는 더 잘 견디지.

시베리아의 데니소바동굴은 매우 춥고 건조한 곳이야. 고고학자들은 데니소바동굴에서 발견한 손가락뼈를 꼼꼼하게 조사하고 그 뼈에서 DNA를 뽑

아내 거기 적힌 지시를 읽어 내는 데 성공했어. 그 DNA는 그동안 알려진 어떤 인류의 DNA와도 비슷하지 않았어. 5만 년 전쯤 데니소바동굴에서 살았던 사람들은 오늘날 우리와도, 네안데르탈인과도, 플로레스섬의 작은 인간과도 달랐지. 그들은 그때까지 알려지지 않은 인류였어.

먼 훗날 지구에서 인간이 모두 사라지고 초능력을 가진 쥐가 세계를 지배한다고 상상해 봐. 어느 날 쥐 고고학자가 동굴에서 땅을 파다가 너의 손가락뼈를 발견할지도 몰라! 네 손가락뼈 덕분에 쥐들은 옛날 지구에 인간이 살았다는 사실을 알아낼 거야. 그러니 손가락을 잘 보살펴야 해.

작은 인간, 네안데르탈인, 데니소바인 말고도, **옛날 지구에는 다양한 인류가 살았어**. 우리가 그들에 대해 잘 모르는 이유는 그들이 뼈나 도구를 남기지 않은 탓에 그들의 DNA를 읽을 수 없기 때문이야.

멈출 수 없는 우리

너는 어떤 종류의 인류일까

고대 인류 중에서 우리가 잘 아는 종류가 하나 있어. 바로 우리 조상들이지. 우리의 아주 아주 오래전 할머니와 할아버지들 말이야. 작은 인류가 플로레스섬에서 살고, 네안데르탈인이 유럽에서 살고, 데니소바인이 시베리아 동굴 주변을 서성거리며 지내던 시절, 우리 조상들은 주로 아프리카에서 살았어.

과학자들은 우리 조상을 '호모 사피엔스' 또는 줄여서 '사피엔스'라고 불러.

그들이 사피엔스 섬이나 사피엔스 계곡, 또는 사피엔스 동굴에서 살았기 때문일까? 천만에. '호모'와 '사피엔스'라는 말은 라틴어야. 라틴어는 지금은 아무도 사용하지 않는 오래되고 복잡한 언어야. 오래되고 복잡하기 때문에 라틴어는 거의 마법처럼 들려. 그래서 과학자들은 뭔가 매우 중요하다는 인상을 주고 싶을 때 라틴어로 이름을 짓지. 이 때문에 질병, 약, 식물과 동물 이름에 라틴어가 많아.

예를 들어 어떤 과학자가 고양이에 관해 이야기하면서 자신의 말이 매우 진지하게 들리기를 바란다고 가정해 봐. 그는 '고양이'라고 말하지 않고 '펠리스 카투스'라고 말할 거야. 라틴어로 '교활한 고양이'라는 뜻이지. 그리고 쥐를 '무스 무스쿨루스'라고 부를 거야. '조용한 쥐'라는 뜻이지. 네가, '교활한 고양이가 조용한 쥐를 잡는다'라는 문장을 읽으면 동화책처럼 쉽고 편하다고 느낄 거야. 그런데, '펠리스 카투스가 무스 무스쿨루스를 잡는다'라는 문장을 읽으면 과학책처럼 매우 어렵게 다가오겠지.

다양한 종류의 인류에게도 저마다 멋진 라틴어 이름이 있어. 과학자들이 네안데르탈인에 관해 이야기하면서 진지하고 중요하게 들리기를 바라면, 네안데르탈인이 아니라 '호모 네안데르탈렌시스'라고 말해. **라틴어로 '호모'는 '사람'을 뜻하고** '네안데르탈렌시스'는 '네안데르 계곡에서 오다'를 뜻해. 합치면 '네안데르 계곡에서 온 사람'이 되겠지. 또 과학자들은 플로레스섬에 사는 작은 인간에 대해 말할 때도 작은 인간이라고 부르지 않아. 그렇게 부르면 중요하지 않은 이야기처럼 들릴 테니까! 그 대신 '호모 플로레시엔시스'라고 불러. '플로레스섬에서 온 사람'이라는 뜻이지.

과학자들이 자신이 속한 인류에 이름을 붙일 때, 그들은 당연히 아주 고상한 라틴어 이름을 골랐어. 바로, 호모 사피엔스였지. 무슨 뜻일까? 라틴어로 **'사피엔스'는 '슬기롭다'라는 뜻이야**. 그러니까 호모 사피엔스는 '슬기로운 사람'이라는 뜻이지.

우리는 스스로를 '슬기로운 사람'으로 부르기로 했어. 겸손과는 거리가 먼 이름이지. 우리 사피엔스가 나머지 인류보다 특별히 더 슬기롭다고 할 만한 근거가 전혀 없으니까. 하지만 사피엔스가 우리 이름이 돼 버린 걸 어쩌겠어. **너는 사피엔스**이고, 네 친구와 가족, 친척도 모두 사피엔스야. 현재 세계 모든 사람은 사피엔스야. 독일인도 사피엔스, 나이지리아인도 사피엔스, 한국인도 사피엔스, 브라질인도 사피엔스.

10만 년 전쯤, 우리 사피엔스 조상들은 주로 아프리카에서 살았어. **사피엔스 조상은 그때 이미 현대인과 비슷한 모습이었어**. 머리카락을 세련되게 자르고 동물 가죽 대신 청바지와 티셔츠를 입으면 마치 현대인처럼 보였을 거야. 하지만 고대 사피엔스는 여전히 우리와는 상당히 달랐지.

다른 모든 인류 종과 마찬가지로 사피엔스도 그때 이미 불과 돌 도구를 사용했어. 그래서 사자를 쫓아내고 몇몇 큰 동물을 사냥할 수도 있었지. 하지만 아직 밀을 심거나 말을 탈 줄 몰랐고, 마차나 배를 만드는 방법도 몰랐고, 큰 도시는커녕 마을을 이뤄 살지도 않았어. 전체 머릿수도 매우 적었어. 아프리카 전체를 통틀어 10만 명이 채 되지 않았을 거야. **거대한 축구 경기장 하나에 다 들어갈 정도였지**. 그 무렵 사피엔스는 아직 지구에서 가장 중요한 동물이 아니었어. 아직은. 오히려 고래나 개미가 더 중요한 동물이었을 거야.

슈퍼 사피엔스의 등장

그러다 5만 년 전쯤 모든 게 바뀌었어. 앞에서 말한 그 재앙이 지구를 덮쳐 플로레스섬의 작은 사람들, 네안데르탈인, 데니소바인, 그리고 그 밖의 모든 인류가 모조리 죽고 말았어. 사피엔스만 쏙 빠졌지. 이 재앙이 무엇이었을까? 우주에서 온 소행성이 충돌하지도 않았고, 거대한 화산이 폭발하지도 않았어. 지진도 아니었지. 범인은 바로 우리 조상들이었어.

5만 년 전쯤, **우리 조상에게 정말 이상한 일이 일어나서** 그들을 막강한 존재로 만들었어. 그 이상한 일이 무엇이냐고? 꽤 흥미로운 이야기지만 나중에 설명할게. 훌륭한 추리 소설처럼, 미스터리가 풀릴 때까지 끈기 있게 읽어야 해! 지금은 그 이상한 일이 놀라운 영향을 끼쳤다는 사실까지만 말해 둘게. 사피엔스는 세계 곳곳으로 퍼지기 시작했고, 그들이 새로운 장소에 다다를 때마다 그곳에서 살던 다른 인류는 빠르게 자취를 감추었지.

예를 들어 새로운 슈퍼 사피엔스가 유럽에 도착했을 때, 그들은 나무에서 배를 모조리 따고, 딸기를 모두 먹어 치우고, 사슴을 남김없이 사냥했어. 그 말은 곧 **그곳에서 살아가던 네안데르탈인의 먹을거리가 몽땅 사라졌다는** 뜻이지. 만약 먹을거리를 가져가지 못하게 어떤 네안데르탈인이 사피엔스를 막으려 했다면 사피엔스는 그들을 죽였을 거야.

그다음으로 우리 조상은 시베리아로 가서 데니소바인의 먹을거리를 모조리 가로챘어. 다음에는 플로레스섬으로 갔지. 그러고는 어떻게 됐을까? 네가 아는 대로, 작은 인류와 작은 코끼리는 하나도 남김 없이 사라졌지. 그렇게 **다른 인류가 모두 사라졌지만**, 그래도 우리 조상은 만족하지 않았어. 믿을 수 없을 정도로 강해졌지만, 그들은 더 많은 힘과 음식을 욕심냈고, 서로 가지려고 자기들끼리 싸우기까지 했지.

사피엔스 집안에 입양된 네안데르탈인

너도 이제 알았다시피, 우리 사피엔스는 그리 착한 동물이 아니야. 우리는 피부색, 언어, 종교가 다르다는 이유로 다른 사피엔스에게 잔인하게 굴지. 그러니 사피엔스 조상이 네안데르탈인처럼 완전히 다른 인류를 만났을 때 잘 대해 주지 않았다고 해도 놀랄 일은 아니야.

그런데 몇 해 전에 과학자들은 사피엔스 조상 가운데 적어도 일부는 그들이 만난 다른 인류를 살해하거나 굶겨 죽이지 않았다는 사실을 밝혀냈어. DNA 기억하지? 우리 몸의 각 부분에 들어 있는 사용 설명서 말이야. 이 DNA를 살펴보면 네 머리카락 색깔이나 손가락 모양뿐 아니라, **네 부모가 누구인지**, 부모의 부모가 누구인지, 그들의 수천 년 전 조상이 누구인지까지 밝혀낼 수 있어. **너는 부모로부터 DNA를 물려받았고**, 마찬가지로 부모의 DNA는 부모의 부모로부터 물려받았고, 그들의 DNA는 다시 그들의 부모로부터 물려받았기 때문이지.

네안데르탈인 DNA를 읽어 본 과학자들은 놀라운 사실을 알게 됐어. 일부 현대인의 DNA에 고대 네안데르탈인으로부터 물려받은 부분이 몇 군데 있었지. 현대인은 모두 사피엔스이지만, **할머니의 할머니의 할머니로 거슬러 올라가면 네안데르탈인이었던 사람도 있다**는 뜻이지.

네 조상 중에 네안데르탈인이 있는지 확인하는 방법은 어렵지 않아. 시험관에 침을 뱉어서 연구소로 보내면 돼. **침 한 방울에도 수백만 개의 DNA가 들어 있으니까.** 연구소는 네 침의 유전자를 검사해서 DNA를 읽은 후 네안데르탈인으로부터 전해 내려온 부분이 있는지 알려 줄 거야. 만약 네안데르탈인 유전자가 있다면 5만 년 전 네 조상 할머니가 네안데르탈인 남자와 짝을 맺어 자식을 낳았다는 뜻이야.

그런데 네 조상 할머니는 왜 네안데르탈인 남자와 결혼했을까? 확실한 건 몰라. **아마 두 사람은 사랑에 빠졌을 거야.** 그래서 그 남자의 네안데르탈인 친구들이 그를 비웃고 네 할머니의 사피엔스 친구들이 말리는데도, 사랑의 힘으로 이겨 냈겠지.

아니면 한 사피엔스 부족이 가족을 잃고 외톨이가 된 네안데르탈인 아기를 입양해서 키웠을지도 몰라. 또 어떤 사피엔스 무리가 네안데르탈인 소녀를 포로로 붙잡았을 수도 있어. 그랬다면 소녀가 돌아가려고 해도 보내 주지 않았을 거야. 이렇게 해서 네안데르탈인 소녀가 사피엔스 무리 속에서 어른이 되었다면 사피엔스 남자와 만나 자식을 낳았을지도 몰라. 하지만 그런 일은 아주 드물었어. 우리 조상은 네안데르탈인을 만나면 대체로 쫓아내 버렸지.

만약에……

만약 우리 조상이 좀 더 착했고, 그래서 네안데르탈인과 플로레스섬의 작은 인류를 그대로 두었다면 오늘날 세상은 어떤 모습일까? 상상만 해도 흥미진진하지 않아? 다른 인류가 우리와 함께 섞여서 산다고 생각하면 말이야.

아마 학교 육상부에 우람한 네안데르탈인 친구가 있겠지? 플로레스섬에서 이민 온 작은 인류가 옆집에 살았을 테지? 정치와 종교는 어떨까? 데니소바인에게 투표권을 주었을까? 신부님은 네안데르탈인과 사피엔스의 결혼을 축복해 주었을까? 네안데르탈인도 신부, 랍비 또는 이맘 같은 종교 지도자가 될 수 있을까?

너는 네안데르탈인과 친구가 되었을까? 다른 인류가 우리와 함께 살았다면, 우리가 스스로를 보는 시선도 달라졌을지 몰라. 우리는 우리가 아주 특별한 존재라고 생각해. '**인간도 동물**'이라고 말하면 많은 사람이 정색을 하고 화를 내지. 우리는 동물과 전혀 다르다고 생각하니까.

사람들이 이렇게 생각하는 이유는 아마도 다른 인류가 옛날에 모두 사라져서 지구 어디에도 우리와 비슷한 존재가 없기 때문일 거야. 그러니 우리 사피엔스가 다른 동물들과 다르다고 상상하는 게 어렵지 않았어. 하지만 네안데르탈인과 플로레스섬의 작은 인류가 살아남았다면 우리가 스스로를 특별한 존재로 여기는 게 지금보다 훨씬 어려웠을 거야. 어쩌면 그런 이유 때문에 우리 조상은 다른 인류 종을 모두 없앴는지도 몰라.

그런데 우리 조상은 다른 인류를 어떻게 물리쳤을까? 네안데르탈인은 우리 조상보다 힘이 셌고, 데니소바인은 우리 조상보다 추위에 잘 적응했고, 플로레스섬의 작은 인류는 우리 조상보다 적게 먹고도 살아남았어. 하지만 결국 우리 조상들이 지구를 정복했어. 사피엔스의 슈퍼 파워는 무엇이었을까?

2장
사피엔스의
슈퍼 파워

바나나의 모험

너는 그 슈퍼 파워가 무엇이라고 생각해? 5만 년쯤 전에 무슨 일이 일어났을까? 어떤 슈퍼 파워를 얻었기에 오늘날 사피엔스가 지구를 지배할 수 있었을까? 뻔한 답은 아니야. 슈퍼맨, 스파이더맨, 원더우먼, 그리고 만화에 등장하는 모든 슈퍼 영웅이 막강한 힘을 내뿜는 이유는 그들이 강하고 빠르고 용감하기 때문이야. 하지만 사피엔스는 네안데르탈인보다 강하지도 빠르지도 용감하지도 않아. 다른 수많은 동물과 비교해도 마찬가지야. 사피엔스가 늑대, 악어, 침팬지와 싸워 이길 가능성은 거의 없었어. 늙은 할머니 침팬지조차도 세계 복싱 챔피언을 이길 수 있을 거야.

사피엔스가 늑대를 쫓아내고 침팬지를 동물원에 가둘 수 있는 이유는 딱 하나, 바로 **수많은 사람이 서로 협력하기 때문이야**. 인간 한 명이 침팬지 한 마리를 이기지는 못하지만, 인간 1000명이 모이면 침팬지는 꿈도 꾸지 못하는 놀라운 일을 해내지. 그리고 우리가 다른 어떤 동물보다 잘 협력할 수 있는 이유는 그 비밀스러운 슈퍼 파워 덕분이야. 우리는 전혀 모르는 사람들과도 협력할 수 있어.

네가 마지막으로 먹은 과일을 생각해 봐. 바나나라고 가정해 보자. 그 바나나가 어디서 왔을까? 네가 침팬지라면 숲속에 가서 직접 바나나를 따야겠지. 하지만 너는 인간이니까 대개는 **모르는 사람들의 도움을 받아**. 자기가 먹을 바나나를 직접 따는 사람은 거의 없어. 대개는 수천 킬로미터 떨어진 곳에 사는, 네가 한 번도 만난 적이 없고 앞으로도 만날 일이 없는 누군가가 바나나를 기르지. 그러면 네가 모르는 또 다른 사람이 그 바나나를 트럭이나 기차나 배에 싣고 너희 동네 가게로 운반해. 그러면 너는 가게에 가서 바나나를 고르고 돈을 내면 돼. 이런 과정을 거쳐서 네가 바나나를 먹은 거야.

　그 바나나는 네가 사 먹기까지 몇 명의 손을 거쳤을까? 그중에 네가 아는 사람은 몇 명이나 될까? 아마 아는 사람이 한 명도 없을걸. 그런데도 그 사람들 덕분에 너는 바나나를 먹을 수 있어.

　이제 학교를 떠올려 봐. 학교를 운영하려면 몇 명이 필요할까? 먼저 학생이 필요해. 학생이 없는 학교는 의미가 없으니까! **네가 다니는 학교에는 학생이 몇 명이지?** 또 교사도 필요해. 네가 다니는 학교에 교사가 몇 명인지 세어 봐. 또 학교 건물을 짓는 사람, 청소하는 사람, 급식실에서 음식을 요리하는 사람도 필요해. 교실에 전등을 켜야 하니까 전기를 생산하는 사람도 필요하지. 교과서를 쓰고 인쇄하는 사람도 필요하고, 그 밖에도 수많은 사람이 필요해. 자, 학교를 운영하기 위해 모두 몇 명이 필요할까? **그 가운데 네가 아는 사람은 몇 명이나 될까?**

　인류가 이뤄 낸 위대한 업적, 말하자면 달나라 여행 같은 일은 모두 **수많은 사람의 협력으로 이룩한 거야.** 1969년에 닐 암스트롱은 인류 최초로 달에 발을 디뎠어. 그런데 그는 우주선을 타고 달에 도착했지만 우주선을 직접 만들지는 않았어.

우주선을 만들기 위해 셀 수 없이 많은 사람이 협력했지. 광부는 땅에서 철을 캤고, 공학자는 우주선을 설계했고, 수학자는 달에 가는 가장 좋은 경로를 계산했고, 신발 제작자는 닐 암스트롱이 달 위에서 걸을 수 있도록 특수 신발을 만들었고, 농부는 우주 비행사들이 우주에서 먹을 바나나를 길렀어.

독수리가 날 수 있는 이유는 날개 때문이지. 하지만 인간이 날 수 있는 이유는 협력하는 법을 알기 때문이야. **우리가 강력한 힘을 갖게 된 이유가 바로 여기에 있어.** 사피엔스는 바나나를 얻고, 학교를 짓고, 달까지 날아가기 위해 수천 명의 낯선 사람들과 협력할 수 있어. 하지만 침팬지는 그렇게 할 수 없어. 침팬지 상점이 없으니 지구 반대편에서 기른 바나나를 살 수 없어. 침팬지 학교가 없으니 수백 마리 꼬마 침팬지들이 모여 공부할 수 없지. 침팬지는 달은커녕 아무데도 날아서 가지 못해.

침팬지가 이렇게 하지 못하는 이유는 같이 지내는 무리 몇몇하고만 협력할 뿐 낯선 침팬지들과는 잘 협력하지 않기 때문이야. 너와 내가 침팬지인데 내가 너와 협력하고 싶다고 가정해 봐. 나는 평소에 너를 알고 있어야 해. 네가 어떤 침팬지인지, 네가 착한지 못

됐는지, 믿을 만한지. 너를 알지도 못하는데 어떻게 너와 협력할 수 있겠어?

지금 네가 잘 알고 지내는 사람들을 적어 본다면 몇 명쯤 될까? 텔레비전이나 SNS에서 본 사람은 빼고, 가끔이라도 실제로 만나는 사람들 말이야. 너의 비밀을 알고, 너도 그들의 비밀을 아는 사람들. 네가 눈보라 속에 갇히거나 곰에 쫓겨 나무 위로 도망칠 때 너를 도우러 올 사람들.

보통 사람은 아무리 많아도 150명이 넘지 않을 거야. 과학자들이 많은 사람을 대상으로 친한 친구들 목록을 작성하는 실험을 했어. 그 결과 누구라도 150명이 넘는 사람들과 친하게 지내는 건 기본적으로 불가능하다고 결론 내렸지.

이제 네가 하루에 마주치는 사람이 몇 명인지 떠올려 봐. 거리를 지나가다 본 사람들, 버스를 함께 타고 간 사람들, 같이 학교에 간 사람들, 같은 가게에서 물건을 산 사람들, 함께 축구 경기를 구경한 사람들. 다 합쳐서 몇 명이나 될까?

네가 런던이나 도쿄 같은 대도시에 산다면, 수천 명에 이를 거야. 놀랍지 않아? 네가 잘 아는 사람은 150명뿐인데, 쇼핑몰이나 경기장이나 기차역에 갈 때마다 수천 명의 낯선 사람들을 본다는 사실이 말이야. 침팬지 수천 마리를 쇼핑몰에 집어넣는다면 아마 난장판이 벌어질 거야. 하지만 사람들은 매일 그런 곳에 수천 명씩 모이는데도 대체로 질서 있게 행동하지.

그게 바로 우리 사피엔스 조상이 수만 년 전에 네안데르탈인을 (그리고 그 밖의 모든 인류 종을) **이긴 비결이야.** 이렇게 많은 사람, 심지어는 낯선 사람들과도 협력하는 법을 아는 인류는 우리 조상뿐이었어. 그들은 많은 사람이 협력한 덕분에 도구를 만들고, 먹을거리를 찾고, 상처를 치료하는 방법에 대해 더 좋은 생각을 해낼 수 있었지.

네안데르탈인은 몇 명의 가까운 친구와 친척에게만 무엇인가를 배우고 도움을 얻었지만, 사피엔스는 잘 모르는 수많은 사람에게 도움을 받을 수 있었

어. 그래서 한 명의 사피엔스는 한 명의 네안데르탈인보다 똑똑하지 않았더라도, 시간이 흐르면서 사피엔스는 도구를 발명하고 동물을 사냥하는 일을 훨씬 잘하게 되었어. 그리고 싸움이 일어나면 사피엔스는 500명이 힘을 합쳐 50명의 네안데르탈인을 거뜬히 물리쳤을 거야.

왜 여왕개미는 있고 변호사 개미는 없을까

이처럼 협력할 수 있는 동물이 사피엔스 말고 또 있어. 개미, 벌, 흰개미처럼 사회생활을 하는 곤충이야. 우리가 마을이나 도시를 이루고 살듯이 개미와 벌도 집을 짓고 살아. 때로는 수천 마리씩 모여 살기도 하지. 수천 마리 개미들이 힘을 합쳐 먹이를 찾고, 새끼들을 돌보고, 다리를 만들고, 전쟁까지 치르지.

하지만 **인간과 개미 사이에는 한 가지 큰 차이가 있어.** 인간과 달리, 개미집에 사는 개미들이 협력하는 방법은 한 가지뿐이야. '수확 개미'라는 개미 종류를 예로 들어 볼까? 세계 어느 곳에 있는 수확 개미 집을 봐도 모두 정확히 같은 방식으로 협력해. 모든 개미집에서 수확 개미들은 다섯 개 집단으로 나뉘지. 채집 개미, 건설 개미, 병정개미, 보모 개미, 그리고 여왕개미야.

채집 개미는 곡식 알갱이를 모으거나 작은 곤충을 사냥해서 집으로 가져오지. 건설 개미는 굴을 파고 집을 지어. 병정 개미는 집을 지키고 다른 개미 군대와 싸우지. 보모 개미는 새끼 개미들을 보살펴. 그리고 여왕개미는 개미집을 지배하고, 알을 낳아 더 많은 새끼 개미를 만들지.

개미들은 협력하는 방법을 이것밖에 몰라. **개미들은 여왕개미에 맞서 반란을 일으키지 않아.** 여왕을 내쫓고 선거로 개미 대통령을 뽑는 일은 절대 없어. 건설 개미와 채집 개미는 절대 임금을 올려 달라고 요구하며 파업을 벌이지 않아. 병정 개미가 이웃 개미집과 평화 조약을 맺는 일도 없어. 보모 개미가 변호사나 조각가 또는 오페라 가수가 되기 위해 일을 그만두는 경우도 없지. 게다가 개미들은 새로운 먹이, 새로운 무기, 테니스 같은 새로운 게임을 절대 생각해 내지 못해. 수확 개미들은 수천 년 전이나 지금이나 똑같은 방법으로 살아가지.

개미와 달리 우리 인간은 협력하는 방식을 끊임없이 바꿀 수 있어.

우리는 새로운 게임을 발명하고, 새로운 옷을 디자인하고, 새로운 일자리를 만들고, 정치 혁명도 일으키지. 300년 전 사람들은 활과 화살을 가지고 표적을 맞히며 놀았지만, 오늘날 우리는 컴퓨터 게임에서 최고 득점을 올리며 놀아. 300년 전에는 대다수 사람이 농부였지만, 지금은 버스 운전사, 개미용사, 컴퓨터 프로그래머, 운동 지도사라는 새로운 직업이 생겼어. 300년 전에는 대부분 국가가 왕과 여왕의 통치를 받았지만, 지금은 의회와 대통령이 나라를 통치하지.

그러니까 우리 사피엔스가 세계를 정복한 까닭은 개미처럼 협력할 수 있을 뿐만 아니라 협력하는 방식을 끊임없이 바꿀 수 있기 때문이야. 그것이 새로운 것을 만들어내는 데 도움이 되니까. 그러면 **그게 우리의 슈퍼 파워일까?** 그렇지 않아. 사피엔스만의 특별한 슈퍼 파워가 무엇인지 알기 위해 마지막 질문을 던질 때가 왔어. 우리 조상들은 많은 사람과 협력하는 방법을 처음에 어떻게 알아냈을까? 우리는 어째서 우리의 행동을 끊임없이 바꿀 수 있을까? 이 물음에 대한 답이 바로 우리의 진짜 슈퍼 파워야. 네 생각에는 무엇일 것 같아?

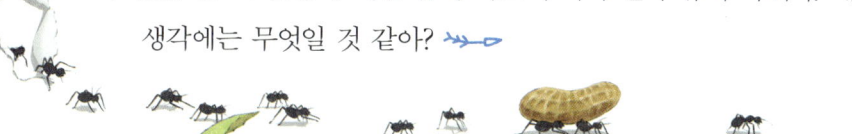

좀비, 흡혈귀 그리고 요정들

정답을 알면 좀 실망할지도 몰라. '슈퍼 파워'라고 하니까, 다른 사람의 생각을 읽거나 미래를 보거나 투명인간이 되는 것을 기대했을지도 몰라. 하지만 너도 알잖아. 인간은 다른 사람의 생각을 읽을 수도, 미래를 볼 수도, 투명인간이 될 수도 없어. 그러니 그런 능력이 슈퍼 파워일 리 없지. 인간의 슈퍼 파워라면 우리 모두가 가지고 있어야겠지?

사실 우리는 그 슈퍼 파워를 항상 사용하고 있어. 그것이 슈퍼 파워라고 생각하지 않을 뿐이지. 그 능력을 오히려 약점이라고 생각하는 사람들도 많아. 그게 뭐냐면……. 두구두구두구. **존재하지 않는 무언가를 꾸며내는 능력,** 상상 속 이야기를 꾸며서 말하는 능력이야. 우리는 전설, 동화, 신화를 지어내고 그 이야기를 믿을 수 있는 유일한 동물이야.

물론 다른 동물들도 의사소통을 해. 침팬지는 사자가 다가오면 (침팬지 언어로) 이렇게 외쳐. "조심해! 사자가 온다!" 그러면 모든 침팬지가 도망치지. 또 바나나를 발견하면 침팬지 언어로 이렇게 말해. "저기 바나나가 있어! 가서 따자!" 하지만 침팬지는 눈으로 보고, 입으로 먹고, 손으로 만진 적이 없는 유니콘이나 좀비를 꾸며 내지는 못해.

사피엔스도 침팬지처럼 보고 만지고 맛본 것을 말로 표현할 수 있어. 하지

만 사피엔스는 나아가 존재하지 않는 요정이나 흡혈귀 이야기를 지어낼 수도 있어. 침팬지는 그럴 수 없지. 심지어 네안데르탈인도 할 수 없었어.

사피엔스는 이 이상한 능력을 어떻게 얻었을까? 확실히는 몰라. 어떤 사람은 사피엔스의 DNA에서 무언가가 실수로 바뀌어서 그렇게 됐다고 설명하기도 해. 뇌 안에서 완전히 나뉘어 있던 두 부분이 그 실수 때문에 연결됐고, 그때부터 사피엔스의 뇌가 이상한 이야기를 지어내기 시작했다는 거야. **때로는 실수에서 멋진 게 탄생하기도 하지.** 그렇다면 네안데르탈인의 DNA에서는 이 실수가 일어나지 않아서 네안데르탈인은 이야기를 지어낼 수 없었을 거야.

어쩌면 그랬을지도 모른다고. 아닐 수도 있지만. 정확한 건 몰라. 과학자들은 여전히 이 수수께끼를 연구하는 중이야.

그런데 진짜 중요한 질문은, '사피엔스가 이야기를 지어내는 능력을 어떻게 얻었느냐'가 아니야. '이야기를 지어내는 능력이 무슨 도움이 되느냐'가 훨씬 중요해. 그리고 이야기하는 능력을 왜 슈퍼 파워라고 할까? 사피엔스는 동화를 지어낼 수 있고 네안데르탈인은 지어낼 수 없다고 해서 특별히 달라질 게 있을까? **숲속에서 동화가 너를 어떻게 도울 수 있겠어?** 지니가 요술 램프에서 나와 너에게 특별한 힘을 하나 주겠다고 하면서, 투명인간이 되는 힘과 동화를 짓는 힘 중에서 고르라고 하면 무엇을 고르겠어?

오히려 동화를 믿는 게 문제일지도 몰라. 사피엔스가 숲에서 상상 속에서만 존재하는 요정, 유니콘, 유령을 찾는 동안, 네안데르탈인은 실제로 존재하는 사슴, 견과류, 버섯을 찾았다면 네안데르탈인이 살아남는 데 유리하지 않았을까?

이야기의 유익한 점은 아무리 터무니없는 이야기라도 많은 사람이 힘을 합치도록 돕는다는 거야. 수천 명이 같은 이야기를 믿으면 모두가 같은 규칙을 따를 것이고, 그러면 효과적으로 협력할 수 있어. 처음 보는 사람하고도 문제없이 협력할 수 있어. 사피엔스가 네안데르탈인이나 침팬지나 개미보다 협력을 잘하는 건 이야기 덕분이야.

위대한 사자 영혼

어떤 사피엔스가 사람들에게 이런 이야기를 들려준다고 해봐. "구름 너머에 위대한 사자 영혼이 살고 있어. 위대한 사자 영혼이 시키는 대로 하면, 죽은 뒤에 영혼의 나라에 가서 바나나를 배불리 먹을 수 있대. 반대로 위대한 사자 영혼의 말을 듣지 않으면 큰 사자가 와서 너를 잡아먹는대."

물론 이 이야기는 사실이 아니야. 하지만 1000명의 사람들이 이 이야기를 믿으면 그들은 모두 사자 영혼이 시키는 대로 할 거야. 그러면 1000명의 사

람들은 서로를 몰라도 쉽게 협력할 수 있어.

"위대한 사자 영혼이 모두가 한 발로 서기를 원한다"고 말하면, 1000명의 사람들이 모두 한 발로 설 거야!

"위대한 사자 영혼이 코코넛 껍질을 머리에 쓰기를 원한다"고 말하면, 천 명이 텅 빈 코코넛 껍질을 자기 머리에 쓸 거야! (이 방법을 사용하면 위대한 사자 영혼을 믿는 사람과 믿지 않는 사람을 쉽게 구별할 수 있기 때문에 많은 도움이 될 거야.)

"위대한 사자 영혼이 모두 힘을 합쳐 네안데르탈인과 싸우거나, 사원을 짓기를 바란다"고 말하면, 1000명의 사람들이 네안데르탈인과 싸우거나 사원을 짓기 위해 협력할 거야.

"위대한 사자 영혼이 사원에 있는 제사장에게 바나나를 가져다 주기를 원하고, 그러면 죽은 뒤 천국에 가서 엄청나게 많은 바나나를 받을 것이다"라고 말하면, 1000명의 사람들이 제사장에게 바나나를 바치겠지. 그러면 제사장은 산더미 같은 바나나를 갖게 될 거야.

이것은 우리 사피엔스만이 할 수 있는 일이야. 침팬지한테 가서, "나한테 바나나를 한 개 주면 죽은 뒤 침팬지 천국에 가서 배가 터지도록 바나나를 먹게 해 주겠다고" 약속해도 침팬지는 바나나를 주지 않아. 어떤 침팬지도 네 말을 믿지 않으니까. 사피엔스만이 그런 이야기를 믿지. 그것이 우리가 세계를 지배하고, 반대로 불쌍한 침팬지들은 동물원에 갇혀 있는 이유야.

웬 이상한 소리를 하는 거냐고? 이야기로 세상을 지배할 수 있다는 말을 믿기 어렵다고? 네 주위 어른들이 어떻게 행동하는지 잘 살펴봐. 가끔씩 좀 이상한 행동을 하지 않아?

사자 인간

위대한 신이 좋아한다는 이유로 이상한 모자를 쓰고 다니고, 위대한 신이 먹지 말라고 했다고 온갖 맛있는 음식을 거부하고, 위대한 신이 시켰다면서 지구 반대편에 사는 사람들과 싸우러 가잖아. 또 위대한 신이 원한다는 이유로 거대한 건물을 짓기 위해 큰돈을 내기도 해.

만약 아이가 "이 건물이 우리에게 왜 필요해요? 우리가 왜 이런 이상한 모자를 써야 하죠? **왜 우리가 지구 반대편에 사는 사람들과 싸워야 해요?**" 하고 물으면 부모들은 어른들이 믿는 이야기를 들려줄 거야. 그러면서 아이들도 그 이야기를 믿기를 바랄 거야.

사피엔스가 정확히 언제부터 이야기를 지어내기 시작했는지는 확실치 않아. 하지만 아주 오래전이었어. 플로레스섬의 작은 사람과 네안데르탈인이 아직 우리 조상들과 함께 살고 있을 때였지. 우리는 그 당시 그들이 어떤 이야기를 했는지 몰라. 어쩌면 위대한 사자 영혼에 관해 이야기했을지도 몰라. 아마 위대한 사자 영혼은 사자 머리를 한 사람처럼 생겼을 거야.

고고학자들은 실제로 독일 슈타델동굴에서 사자 머리와 인간의 몸을 가진 조각상을 발견했어. 이 조각상은 3만 2000년 전쯤 사피엔스가 만들었지. **이렇게 생긴 동물은 실제로는 존재하지 않아.** 따라서 사자 인간은 3만 2000년 전에 독일에 살던 사람들이 꾸며낸 게 틀림없어. 그 사람들이 사자 인간에 대해 어떤 이야기를 했는지는 몰라. 하지만 수천 명이 똑같은 이야기를 믿었다면 그들이 협력하는 데 도움이 되었을 거야. 그리고 그렇게 힘을 합친 덕분에 그들은 예전부터 독일에서 살고 있던 네안데르탈인을 몰아낼 수 있었지.

그러다 언제부터인가 사람들은 아무도 사자 인간을 믿지 않았어. 사자 인간 이야기는 잊혔고, 사자 인간 조각상은 내동댕이쳐졌지. 그래서 이제는 고고학자들이 사자 인간 조각상을 발견해도 아무도 사자 인간 이야기를 몰라. 하지만 사람들은 그 대신 다른 이야기를 믿지.

어른들이 믿는 이야기

혹시 놀이터에서 모르는 아이들을 만나 함께 축구 해본 적 있어? 그런데 모르는 아이들하고 어떻게 축구를 할 수 있지? **축구는 상당히 복잡한 경기이**고 규칙도 아주 많은데 말이야.

아이들마다 다른 규칙을 고집한다면 어떻게 될까? 어떤 아이는 축구가 두 발로 공 위에 떨어지지 않고 서 있는 경기라고 주장할지도 몰라. 그렇다면 가장 오래 버티는 사람이 우승하겠지. 다른 아이는 공을 숨긴 다음 가장 먼저 공을 찾는 사람이 이기는 경기라고 말할지도 몰라. 또 다른 두 명은 서로 마주보고 공을 주고받으며, 이게 축구이고 이기고 지는 건 없다고 말할지도 몰라. **게임이 꼭 승패를 겨룰 필요는 없잖아?**

이처럼 아이들마다 다른 규칙을 따른다면 어떻게 함께 축구를 할 수 있을까? 다행히도 이런 문제는 거의 일어나지 않아. 축구에 대해 **모든 아이가 같은 이야기를 믿으니까.** 축구란 두 골대 사이에서 공을 차는 게임이고, 발로만 공을 차야 하며, 골키퍼 말고는 손을 쓰면 안 된다는 규칙을 모두가 알고 있어. 다른 선수를 발로 차면 안 된다는 사실도 알아. 또 경기장은 테두리가 있고, 공이 테두리를 넘어가면 '아웃'이 되어 공이 상대편으

로 넘어간다는 것도 알지.

하지만 왜 모든 아이들이 이 규칙을 받아들일까? 그 아이들의 부모와 선생님이 그렇게 이야기해 줬기 때문이야. 또 형이나 누나가 축구 하는 모습을 본 적이 있을지도 모르고, 리오넬 메시나 메건 라피노 같은 유명한 선수들의 축구 경기를 텔레비전에서 본 적도 있을 거야.

어른들이 매우 복잡한 게임을 할 수 있는 이유도 모두가 같은 이야기를 믿고 같은 규칙을 따르기 때문이야. 어른들이 하는 게임 가운데 '회사'라는 흥미로운 게임이 있어. 그 게임은 축구보다 훨씬 복잡해. 그 게임에 대해 들어 본 적 있어? 혹시 네가 아는 유명한 회사가 있어? 맥도널드는 들어 봤지? 맞아, 맥도널드가 회사야. 코카콜라, 구글, 페이스북, 디즈니, 토요타, 메르세데스, 포드도 모두 회사야. 너희 집에 자동차가 있다면, 그 자동차도 회사가 만든 거야. 네가 아침으로 시리얼을 먹거나 간식으로 초콜릿을 먹는다면 포장을 잘 살펴봐. 네가 먹는 것을 만든 회사의 이름과 로고가 적혀 있을 거야. 아마 네 부모님도 회사에서 일할걸. 혹시 어느 회사인지 알아?

그런데 회사가 정확히 뭘까? **보고 듣고 만지고 냄새 맡을 수 있는 건가?** 네가 회사와 회사가 하는 일들에 대해 항상 듣기 때문에 그런 생각이 들 수 있어. 회사는 사람을 고용하거나 해고하고, 환경을 오염시키고, 세상을 구할 무언가를 발명하기도 해. 그러니 침팬지나 바나나가 실제로 존재하는 것처럼 회사도 실제로 존재하겠지? 그런데 좀 더 자세히 살펴보자고. 맥도널드를 예로 들어 보자. 맥도널드가 정확히 뭘까?

많은 친구가 좋아하는 햄버거와 감자튀김이 맥도널드는 아니잖아. 햄버거를 맥도널드가 만들기는 하지만, 맥도널드가 햄버거는 아니야. **고질라가 나타나 햄버거를 몽땅 먹어 치우면** 맥도널드라는 회사는 어떻게 될까? 별 차이 없어. 맥도널드는 그대로 있을 거야. 단지 햄버거를 더 많이 만들 뿐이지.

그러면 우리가 햄버거와 감자튀김을 먹는 매장이 맥도널드일까? 그것도 아니야. 맥도널드라는 회사는 매장을 수천 개나 가지고 있지만, 그렇다고 그 매장들이 맥도널드는 아니야. 큰 지진이 나서 맥도널드의 모든 매장이 부서져도 맥도널드라는 회사는 부서지지 않아. 맥도널드는 매장을 새로 지어 햄버거와 감자튀김을 계속 만들 거야.

그럼 혹시 맥도널드는 매장에서 일하는 사람들을 말하나? 매니저, 요리사, 주문을 받는 직원, 청소부. 그것도 아니야. 그 사람들이 일에 싫증이 나거나 돈을 더 벌고 싶어서 직장을 그만둔다고 치자. 그래도 맥도널드는 사라지지 않아. 같은 일을 할 다른 사람들을 고용할 뿐이지. 일하는 사람들이 모두 바뀌어도 맥도널드는 그대로야.

그렇다면 틀림없이 직원을 고용하는 사람들, 즉 월급을 얼마나 줄지, 새로운 매장을 어디에 열지 결정하는 사람들이 맥도널드일 거야. 이 사람들을 맥도널드 소유주라고 부르지. 맥도널드가 햄버거를 엄청나게 많이 팔아서 엄청나게 많은 돈을 벌면 소유주는 부자가 돼.

하지만 맥도널드의 소유주는 계속 바뀌어. 처음에는 한 가족이 맥도널드를 소유했어. 그들의 성이 뭔지 맞혀 볼래?

맞아, 맥도널드였어. 리처드 맥도널드와 모리스 맥도널드 형제가 1940년에 첫 번째 매장을 열고 자신들의 이름을 따서 맥도널드라는 간판을 달았지. 하지만 리처드와 모리스 맥도널드는 오래 전에 죽었어. 그런데도 맥도널드는 그대로 있잖아. 자식들이 맥도널드를 물려받았을까? 아니야. 리처드와 모리스 맥도널드는 자신들이 죽기 훨씬 전에 다른 사람들에게 맥도널드를 팔았어. 이 사람들은 또 다른 사람들에게 팔았지. 그들은 다시 다른 사람들에게 팔았고.

지금은 아주 많은 사람이 맥도널드라는 회사를 소유하고 있어. 하지만 각자가 소유하고 있는 몫은 아주 작아. 이런 작은 몫을 '주식'이라고 부르지. **너도 원하면 맥도널드 주식을 살 수 있어.** 한 주에 200달러쯤 될 거야. 그러면 너도 맥도널드의 소유주 가운데 한 명이 되는 거지.

네가 주식을 아주 많이 사면 맥도널드의 가장 중요한 소유주가 되어 네가 사는 동네에

새로운 매장을 열기로 결정할 수도 있어. 아니면 신제품으로 셀러리 햄버거를 만들거나, 직원들 월급을 두 배로 올리자고 제안할 수도 있어. 그러면 네가 맥도널드일까? 천만에. 사람들이 맥도널드 주식을 사고팔면서 이에 따라 소유주가 계속 바뀌지만, 맥도널드는 언제나 그대로야. 그러니 주식을 소유한 사람이 맥도널드는 아냐.

그러면 아직도 맥도널드가 무엇인지 모르는 거네? 어디로 가면 맥도널드를 보고 듣고 만지고 냄새도 맡을 수 있을까? 솔직히 말하면 그건 불가능해. 매장을 보고, 요리사에게 말을 걸고, 햄버거 냄새를 맡을 수는 있어. 하지만 그건 맥도널드가 아니야. 침팬지나 바나나를 진짜라고 한다면, 맥도널드는 진짜가 아니야. 맥도널드는 어른들이 믿는 이야기야. 그것은 **우리 상상 속에서만 존재하지**. 우리는 그것을 사피엔스의 특별한 슈퍼 파워로 만들어 냈어.

아마 우리 조상은 그들이 바나나를 찾고 코끼리를 사냥하는 데 도움을 주는 위대한 사자 영혼이 구름 너머에 산다고 믿었을 거야. 마찬가지로 오늘날 어른들은 매장을 열고 직원들에게 월급을 주고 많은 돈을 벌어들이게 해 주는 맥도널드라는 위대한 영혼이 있다고 믿지.

이야기가 무슨 도움이 될까

왜 사람들은 맥도널드라는 위대한 영혼에 대한 이상한 이야기를 지어냈을까? 그게 도움이 되기 때문이지. 대부분의 인류 역사에서 대부분 동안 오직 진짜 사람들만이 매장을 열고, 월급을 주고, 돈을 벌 수 있었어. 하지만 그렇게 하다 보니 일이 잘못되면 매장을 소유한 사람이 큰 곤경에 빠졌지.

예를 들어 네가 돈을 빌려서 매장을 열었는데 손님이 없어서 빌린 돈을 갚지 못하면 어떻게 될까? 빌린 돈을 갚기 위해 집을 팔고, 신발도 팔고, 심지어는 양말까지 팔아야 할 거야. 그러다 **결국 벌거벗은 채 거리에서 자게 될지도 몰라.** 또 어떤 손님이 음식을 먹고 탈이 나면, 네가 그 책임을 지고 감옥에 가야 할 수도 있어. 그래서 사람들은 식당을 열거나 새로운 사업을 시작하기를 망설였어. 그렇게 큰 위험을 무릅쓸 이유가 없잖아?

그때 상상력이 풍부한 누군가가 회사 이야기를 생각해 냈어. 네가 레스토랑을 열고 싶은데 양말까지 팔거나 감옥에 갈 위험을 무릅쓰고 싶지 않다면, 회사를 차리면 돼. 그러면 회사가 너를 대신해서 모든 일을 처리하고 모든 위험을 떠안을 거야.

회사가 은행에서 돈을 빌렸다가 갚지 못해도 아무도 너에게 책임을 묻지 않아. **아무도 네 집이나 양말을 빼앗을 수 없어.** 은행은 네가 아니라 회사에 돈을 빌려주었으니까. 또 손님이 햄버거를 먹고 심한 배탈이 나도 아무도 너에게 책임을 물을 수 없어. 그 햄버거를 만든 건 네가 아니라 회사니까.

회사를 차리면 식당 일 말고도 많은 도움을 받을 수 있어. 예를 들어 티나 아빠가 이렇게 묻는다고 가정해 보자. "누가 마룻바닥에 진흙 발자국을 남겼지?" 이때 티나는 이렇게 대답하면 돼. "**제가 한 거 아니에요. 티나 회사가 했어요.**" 이러면 인생이 훨씬 편해지겠지? 그게 바로 어른들이 하는 일이야. 환경을 오염시키거나 하는 심각한 문제를 일으켜 비난받을 때마다 그들은 이렇게 말할 뿐이야. "내가 한 게 아니에요. 회사가 했어요."

이해가 안 된다고 너무 걱정할 필요는 없어. 맥도널드 같은 회사 이야기는 너무너무 복잡해. 어른들에게 물어봐도 잘 모른다고 말할 거야. 오직 특별한 사람들만이 제대로 설명할 수 있지. 이런 특별한 사람들을 '변호사'라고 불러.

처음에 맥도널드라는 회사가 어떻게 만들어졌는지 알아? 리처드와 모리스 맥도널드가 첫 번째 햄버거를 만들었을 때도 아니고, 두 사람이 첫 번째 매장의 첫 번째 벽돌을 얹었을 때도 아니었어. 첫 번째 손님이 들어와 1달러를 냈을 때도 아니었지. **맥도널드가 만들어진 순간은 변호사가 이상한 의식을 치르며** 모두에게 맥도널드 회사 이야기를 들려주었을 때야.

변호사가 이야기를 제대로 하려면 먼저 특별한 복장을 갖춰야 해. 정장이라고 하지. 사람들에게 중요한 이야기를 하려면 **그럴싸하게 보일 필요가 있거든.** 그런 다음 변호사는, 변호사 말고는 아무도 이해하지 못하는 말인 법률 용어로 쓰인 오래된 책들을 여러 권 펼쳤지(법률 용어도 라틴어와 비슷하고, 실제로 라틴어에서 많은 단어를 빌려 왔어. 심지어 법률 용어를 뜻하는 'Legalese'라는 단어 자체가 라틴어에서 왔지).

변호사는 오래된 책들을 넘기며 맥도널드를 만들기 위해 필요한 글귀를 찾고, 그것을 모두가 기억하도록 아름다운 종이에 적었어. 그다음에 종이를 들고 거기 적힌 이야기를 많은 사람들 앞에서 큰 소리로 읽어 주었지.

물론 우리는 맥도널드라는 회사를 보거나 듣거나 냄새 맡을 수 없어. 그래도 모든 어른들이 맥도널드 회사가 실제로 존재한다고 믿는 이유는, 그들이 변호사가 들려주는 이야기를 믿었기 때문이야.

맥도널드는 이렇게 만들어졌어. 다른 회사도 모두 마찬가지야. 구글, 페이스북, 메르세데스, 토요타 같은 회사도 모두 어른들이 믿는 이야기일 뿐이야. 그리고 모두가 그 이야기를 믿기 때문에 많은 사람이 협력할 수 있어.

종잇조각의 힘

오늘날 20만여 명이 맥도널드 회사에서 일하고, 맥도널드는 일 년에 약 60억 달러를 벌어. 60억 달러는 아주 큰돈이지! 그 돈의 일부를 직원들에게 주기 때문에 직원들은 회사가 시키는 일을 꽤 열심히 해.

그러면 **돈이란 도대체 무엇일까**? 맥도널드와 구글 같은 회사가 직원들에게 주는 그것 말이야. 모두가 그렇게 갖고 싶어 하는 돈은 대체 뭐지? 돈도 어른들이 지어내고 믿는 이야기일 뿐이야. 1달러, 1000원, 또는 5유로 지폐를 한번 살펴봐. 뭐 같아? 그냥 종잇조각이잖아. 그 종잇조각으로는 아무것도 할 수 없어. 먹을 수도 마실 수도 입을 수도 없지.

그런데 어느 날 어른들이 '은행가'와 '정치인'이라고 부르는 대단한 이야기꾼들이 나타났어. 그들은 변호사보다 훨씬 힘이 센 이야기꾼이야. 어른들은 은행가와 정치인을 무척 신뢰하기 때문에 그들이 하는 이야기라면 무엇이라도 믿지. 그들이 **"이 종잇조각은 바나나 열 개의 값어치가 있어요"**라고 이야기하면, 모든 어른들이 그 말을 믿어. 그리고 모두가 그 이야기를 믿는 한 그 종잇조각은 바나나 열 개의 값어치를 해. 네가 그 종잇조각을 가게에 가져가서 모르는 사람에게 주면, 그 사람은 실제로 먹을 수 있는 진짜 바나나 열 개를 네게 줄 거야.

물론 그 종잇조각으로 바나나 말고 다른 물건을 살 수도 있어. 코코넛이든 책이든 네가 원하는 건 뭐든지 살 수 있어. 맥도널드에 가서 햄버거를 사 먹을 수도 있지.

침팬지는 그렇게 할 수 없어. 침팬지도 고기나 바나나를 자기들끼리 주고받아. 때로는 보살핌을 주고받기도 하지. 예를 들어 침팬지 1이 침팬지 2의 등을 시원하게 긁어 주면, 침팬지 2가 침팬지 1의 털에 있는 벼룩을 잡아 주

고 가시를 뽑아 주지. 네가 내 등을 긁어 주면 나도 네 등을 긁어 주는 것처럼. 하지만 침팬지 1이 침팬지 2에게 1달러짜리 지폐를 주면서 그 대가로 맛있는 바나나를 한 개 받기를 기대한다면 모든 침팬지가 어리둥절해할 거야. **침팬지는 돈을 믿지 않아.** 분명 회사도 믿지 않을 거야.

이렇게 이야기는 수천 명의 낯선 사람들을 협력하게 만들 수 있어. 축구에 대한 이야기가 없다면 축구 경기 규칙을 알 수 없겠지. 그러면 다른 애들과 공을 찰 수는 있지만, 축구 경기를 할 수는 없어. 마찬가지로 회사와 돈에 대한 이야기가 없다면 맥도널드에 가서 햄버거를 사 먹을 수 없어.

멈출 수 없는 우리

작지만 매우 강력한 기름병

이야기를 지어내는 슈퍼 파워 덕분에 우리 인간은 많은 사람과 협력할 수 있게 되었어. 하지만 그게 다가 아니야. 우리는 그 슈퍼 파워 덕분에 협력하는 방식을 아주 빠르게 바꿀 수 있어. 앞에서 보았듯이 이야기를 지어내지 못하는 개미들도 다른 개미들과 협력할 수 있어. 하지만 개미들은 행동을 바꾸지는 않아. 개미들은 수천 년 동안 여왕을 섬기는 일을 비롯해서 정확히 똑같은 일을 해 왔어. 반면에 인간은 단순히 자신들이 믿는 이야기를 바꿈으로써 **행동하는 방식을 빠르게 바꿀 수 있어.**

프랑스는 오랫동안 왕이 다스렸어. 구름 너머 하늘나라의 위대한 신이, "프랑스는 왕이 통치하고 프랑스인은 왕의 명령을 따라야 한다."고 말했다는 이야기를 믿었기 때문이야. 신이 정말로 그렇게 말했을까? 아마 아닐 거야. 그건 지어낸 이야기일 뿐이야. 하지만 프랑스인들이 그 이야기를 믿는 동안에는 모두가 왕에게 복종했어. 그리고 왕은 그것이 무척 흡족했지.

그런데 사람들은 누가 프랑스의 왕이 되어야 하는지 어떻게 알았을까? 그것에 대한 이야기도 있었어. 정말 이상한 이야기야. 이 이상한 이야기에 따르면, 하늘나라의 위대한 신이 한 용감한 전사를 프랑스의 첫 번째 왕으로 선택하면서 사람들에게 그 사실을 알리기 위해 놀라운 기적을 일으켰어.

신은 하늘나라에서 아주 특별한 기름이 가득 든 작은 유리병을 비둘기와 함께 내려보냈지. 그 모습을 실제로 본 사람은 아무도 없어. 그냥 어떤 성직자가 사람들에게 유리병을 보여 주면서 하늘나라에서 내려 주었다고 말하니 **사람들은 그냥 그렇게 믿었지.** 그래서 새 왕의 머리에 왕관을 얹을 때면 성직자는 하늘에서 내려보낸 기름을 새 왕의 머리에 부었어.

그때부터 왕이 죽고 새로운 왕이 될 아들의 머리에 왕관을 얹을 때마다 사람들은 그의 머리에 그 특별한 기름을 부었어. '기름 없이는 왕이 될 수 없었어.' 그리고 기름병은 안전한 곳에 보관되었지.

오직 남자아이만

하늘에서 내려 준 기름 이야기를 믿은 프랑스인들은 구름 너머 하늘나라의 위대한 신이 왕을 보냈다고 생각했어. 그래서 왕이 음식을 가져오라고 명령하면 음식을 푸짐하게 가져갔지. 백성은 굶주리는데도 왕궁에는 **사과와 빵과 구릿한 치즈가 산더미처럼** 쌓였어. 왕이 궁전을 지으라고 명령하면 당장 달려가 으리으리한 궁전을 지어 주었지. 자기들은 작은 오두막에 살면서도 말이야. 왕이 다른 나라 왕들과 싸우라고 명령하면, 백성은 칼과 방패를 들고 나가 싸웠고 많은 사람이 전쟁터에서 목숨을 잃었어.

왕의 명령을 거부하는 사람이 있으면, 사람들은 그에게 이렇게 말했어. "왕은 하늘에서 내려 준 기름을 머리에 부었어! 그러니 우리는 왕에게 복종해야 해!"

그런데 좀 이상하지 않아? 그 유리병은 아주 작아서 기름을 많이 담을 수 없었어. 몇 명의 왕에게 왕관을 씌우고 나면 기름이 다 떨어졌을 거야. 그런

데 '기름 없이는 왕이 될 수 없다'고 했잖아. 이제 어쩌지? 하늘에서 내려 준 기름을 더 구할 방법이 있을까? 네가 왕의 아들이라면 어떻게 하겠어? 그 병에 기름이 담겨 있어야 네가 새로운 왕이 될 수 있다면? 좋은 생각이 있다고? 정말? 프랑스의 왕들도 아마 너와 똑같은 생각을 했을 거야.

어쨌거나 새 왕의 머리에 왕관을 얹을 때마다 작은 유리병에는 기름이 충분히 들어 있었어. 프랑스인들은 이 또한 기적이라고 믿었지. 구름 너머의 위대한 신이 왕을 마음에 쏙 들어 하는 증거라고 말이야.

그런데 만약 어느 날 왕의 딸이 하늘에서 내려보낸 기름을 자기 머리에 부으며 프랑스의 왕이 되겠다고 말하면 어떻게 됐을까? 모두가 비웃었을 거야.

사람들은 왕의 딸에게 이렇게 말했을 거야. "너는 프랑스의 왕이 될 수 없어. 구름 너머 위대한 신은 여자를 별로 좋아하지 않아. 구름 너머 위대한 신은 남자라서, 소년을 소녀보다 훨씬 똑똑하고 용감하게 만들었지. 따라서 여자는 프랑스 왕국을 다스릴 수 없어. **오직 남자만 할 수 있어.**"

프랑스 사람들은 그 이야기를 믿었기 때문에 여왕을 받아들이지 않았어. 사실 그 밖에도 여자에게는 많은 것이 허락되지 않았지. 여자는 배의 선장이 될 수 없고, 판사도 될 수 없고, 심지어 학교에 갈 수도 없었어.

하늘이 내려 준 기름 이야기는 누가 프랑스를 다스릴지, 누가 백성에게 명령을 내릴지 결정하는 문제였기 때문에 매우 중요했어. 프랑스인들은 그 이야기를 매우 오랫동안 믿었기 때문에, 1000년 동안 머리에 기름을 부은 왕이 프랑스를 다스렸지.

하지만 이윽고 슬기로운 사람 몇 명이 그 이야기에 대해 곰곰이 생각하기 시작했어. **"정말 터무니없는 이야기야."** 그중 한 명이 말했어. "도대체 누가 그걸 믿지? 프랑스는 왕이 다스려야 하고, 남자가 여자보다 낫다고 말하는 하늘나라 신 따위는 없어. 왕과 왕자들이 지어낸 이야기일 뿐이야. 그래야 사람들이 시키는 대로 할 테니까."

"맞아." 다른 사람도 고개를 끄덕였어. "프랑스를 다스리는 게 머리에 기름을 붓는 것과 무슨 관계가 있지? 말도 안 되는 소리야! 그리고 작은 기름병이 영원히 마르지 않는다는 기적을 믿는 사람이 있다고? 말도 안 돼! 새 왕의 머리에 왕관을 얹을 때가 오면, 하인이 기름병을 보관해 둔 방에 몰래 들어가 평범한 기름을 채워 넣었을 거야."

프랑스 사람들은 그런 터무니없는 이야기를 오랫동안 믿었다는 게 분해서 견딜 수 없었어. 왕이 그동안 자신들이 만든 구릿한 치즈를 가져가고, 자신들을 위험한 전쟁터에 내보낼 수 있었던 게 다 그 이야기 때문이라는 사실을 깨닫고 분통이 터졌지. 그래서 사람들은 왕을 사로잡아 목을 자르고, 그 기름병을 찾아내 산산조각 냈어. 그래도 구름 너머 신이 내려와 그들을 벌주지 않았어. **프랑스인들이 더 이상 왕을 믿지 않기로 한 사건**을 역사가들은 '프랑스 혁명'이라고 불러.

오늘날 프랑스에는 왕이 없어. 프랑스 국민은 선거를 통해 자기들 마음에 드는 사람을 프랑스 대통령으로 뽑아(참, 대통령이 되기 위해 머리에 기름을 부을 필요는 없어). 몇 년 뒤 자신들이 뽑은 대통령이 마음에 들지 않으면, 다른 사람을 뽑지. 또 누구나 대통령이 될 수 있어. 남자뿐 아니라 여자도.

물론 그렇다고 프랑스인들이 이상한 이야기들을 안 믿는 건 아니야. 예를 들어 그들은 회사 이야기라든지, 민족주의와 민주주의 같은 복잡한 이야기를 믿지. 그 이야기는 다음에 할게. 하지만 이 두 가지는 꼭 기억해 둬. 사람들이 협력하기 위해서는 이야기가 필요하고, 믿는 이야기를 바꾸면 협력하는 방식을 바꿀 수 있어. 그것이 우리가 개미보다 훨씬 강력한 이유지. 그것이 우리의 슈퍼 파워야.

이야기꾼 집단

이야기를 지어내는 능력. 이것이 우리 조상이 세계를 정복한 비결이야. 다른 어떤 동물도 이야기를 믿지 않아. 그들은 실제로 보고 듣고 냄새 맡고 만지고 맛볼 수 있는 것만 믿어. 침팬지는 다가오는 뱀을 봐야 위험에 처했다는 사실을 믿어. '도망치는 게 좋겠군!' 천둥소리를 들어야 폭풍이 오는 걸 믿지. '샤워할 시간이군!' 사자 똥 냄새를 맡아야 근처에 사자가 있다는 걸 믿어. '윽, 냄새!' 활활 타는 가지를 만져 봐야 불이 뜨겁다는 걸 믿지. '앗 뜨거워!' 바나나를 먹어 봐야 바나나가 맛있다는 걸 믿어. '음, 맛있다!'

물론 사피엔스도 침팬지처럼 할 수 있지만, 우리는 이야기를 믿기 때문에 동물들보다 훨씬 많은 것을 할 수 있어. 예를 들어, 우리 조상들이 세계 곳곳으로 퍼져 나가는 동안 네안데르탈인, 플로레스섬의 작은 인류, 또는 몹시 위험한 동물을 만날 때마다 우두머리는 사람들의 용기를 북돋우기 위해 이야기를 들려주었을 거야. "위대한 사자 영혼이 우리에게 네안데르탈인을 없애라고 했다." 우두머리는 또 이렇게 말했을 거야. "네안데르탈인은 매우 강하지만 걱정할 필요 없다. 네안데르탈인과 싸우다 죽는다 해도 괜찮다. 너는 구름 너머 영혼의 나라로 갈 테고, 그곳에서 위대한 사자 영혼이 너를 환영하며 **블루베리와 코끼리 스테이크를 푸짐하게** 대접할 테니까."

모든 사람이 그 이야기를 믿었고, 그래서 그들은 힘을 합쳐 네안데르탈인을 물리쳤어. 네안데르탈인은 매우 힘이 셌지만, 500명의 사피엔스 앞에서 네안데르탈인 50명은 상대가 되지 않았지.

우리의 까마득한 옛날 할머니, 할아버지들은 이야기를 믿은 덕분에 세계 곳곳으로 퍼져 나가며 모든 땅과 계곡과 섬을 정복할 수 있었어.

2장_사피엔스의 슈퍼 파워

그러면 새로운 땅을 차례차례 정복하고 그곳에 터를 잡은 **사피엔스는 그 다음에 무얼 했을까?** 수만 년 전의 삶은 어땠을까? 네안데르탈인과의 싸움 말고도 우리는 사피엔스 조상들에 대해 궁금한 점이 엄청나게 많아. 그들은 아침에 일어나면 무엇을 했을까? 아침으로는 무엇을 먹고, 점심으로는 무엇을 먹었을까? 취미는 무엇이었을까? 그들은 그림 그리기를 좋아했을까? 어떤 옷을 입었고, 어떤 집에 살았을까? 남자애들이 여자애들을 놀렸을까? 그들은 사랑이라는 감정을 느꼈을까? 그들의 삶은 우리보다 나았을까, 못했을까?

다음 장에서 이런 궁금증을 풀어 보려고 해. 우리 조상들이 수만 년 전에 어떻게 살았는지, 그리고 그들이 했던 일이 지금 우리가 믿고 두려워하고 좋아하는 것에 어떤 영향을 끼쳤는지 알아볼 거야.

3장

우리 조상들은
어떻게 살았을까

우리가 달콤한 것을 좋아하는 이유

수천 년 전, 할머니의 할머니의 할머니……는 우리와 매우 다르게 살았어. 하지만 그들이 살았던 방식은 오늘날 우리가 행동하는 방식에 영향을 주었지. 네가 밤에 괴물을 무서워하는 이유는 조상들의 기억이 남아 있기 때문이야. 네가 아침에 일어나 아침밥을 먹고 친구들과 놀 때도 석기 시대 아프리카 초원에서 살던 우리 조상처럼 행동하고 있을지도 몰라.

예를 들어 왜 사람들이 건강에 안 좋은 음식을 먹고 싶어 할까 생각해 본 적 있어? 아이스크림이나 초콜릿 케이크처럼 **몸에 안 좋은 음식은 왜 전부 다 맛있는 거지?**

우리 몸은 우리가 아직 석기 시대에 살고 있다고 착각하기 때문이야. 그때는 달고 기름진 음식을 보면 일단 많이 먹어 두어야 했어. 가게도 없고 냉장고도 없었으니까.

조상들은 배가 고프면 먹을 것을 찾아 숲속이나 강가를 돌아다녔지. 물론 **아이스크림이 주렁주렁 열린 나무나 콜라가 흐르는 강**은 없었어! 달콤한 음식이라고는 잘 익은 과일이나 꿀뿐이었지. 그래서 과일이 눈에 띄면 최대한 많이, 최대한 빨리 먹는 게 현명했어.

석기 시대 부족이 먹을거리를 찾아다니다가 탐스럽게 잘 익은 무화과가 주렁주렁 열린 나무를 발견했다고 치자. 몇 명은 무화과 몇 개를 먹고 나서 이렇게 말해. "이만하면 충분해. 몸매 관리도 해야지." 한편 다른 사람들은 입에 무화과가 잔뜩 들어 있어서 대꾸할 수도 없었어. 그들은 배가 터질 지경까지 먹고 또 먹었지. 다음 날 그 나무를 다시 찾아오면, 무화과는 하나도 남아 있지 않아. 개코원숭이들이 그 나무를 발견하고 무화과를 다 먹어 치웠기 때문이지. 전날 무화과를 실컷 먹은 사람들은 아직 배가 든든했지만, 몇 개밖에 못 먹은 사람들은 벌써 배가 고팠어.

고고학자들이 발견한 석기 시대 조각상 중에는 뚱뚱한 여자의 모습이 많아. 고고학자들은 이 가운데 특히 아름다운 조각상에 '**빌렌도르프의 비너스**'라는 이름을 붙였지(당연히 진짜 이름은 아니야. 3만 년 전 사람들이 그 여성을 뭐라고 불렀는지 우리는 모르니까). 당시는 체지방이 건강과 성공을 말해 주는 증표였어. 물론 석기 시대에 대다수 사람들은 비너스처럼 생기지 않았지. 오늘날 대부분 사람들이 광고에 나오는 모델처럼 생기지 않았듯이 말이야. 어쨌거나 석기 시대 사람들은 달콤한 것을 발견하면 최대한 많이 먹어야 한다는 사실을 알고 있었어. 그렇게 하는 게 건강에 좋으니까! 석기 시대 부모는 아들딸에게 이렇게 잔소리했을지도 몰라. "축 늘어진 배추이 파리만 씹지 말고 단 걸 먹어!"

단것이 당기는 입맛은 석기 시대 조상들에게 물려받은 거야. 우리 몸 안에 있는 DNA 사용 설명서에는 큰 글자로 이렇게 쓰여 있지. **"달콤한 것을 발견하면 최대한 많이, 최대한 빨리 먹어라!"**

요즘은 빌렌도르프의 비너스 때와는 많은 게 달라졌지. 이제 대부분 사람들은 먹을거리를 찾아 몇 시간씩 무더운 초원을 걸어 다닐 필요가 없어. 배가 고프면 열 발짝 떨어진 부엌으로 가서 냉장고를 열고 안을 들여다보면 되니까. 하지만 냉장고 안에서 초콜릿 케이크를 발견하면 우리는 여전히 석기 시대 조상들이 무화과나무를 봤을 때와 **똑같이 반응하지.**

우리 몸은 DNA 사용 설명서를 보고 이렇게 외치기 시작해. "여기 달콤한 게 있어! 신난다! 최대한 많이, 최대한 빨리 먹자! 서둘러! 꾸물대다가는 이웃에 사는 개코원숭이가 다 먹어 치울 거야!" DNA 사용 설명서는 이제 구식이 되었지만 우리 몸은 그걸 몰라. 우리는 이제 야생의 초원이 아니라 도시와 마을에 살고, 냉장고를 열면 초콜릿 케이크가 있으며 개코원숭이가 주위를 돌아다니지 않는데도 우리 몸은 그 사실을 몰라.

그래서 우리는 초콜릿 케이크를 그 자리에서 다 먹어 치우고 다음 날 가게에 가서 또 하나 사다 놓지. 그리고 다시 냉장고 문을 열 때 우리 몸은 이렇게 운이 좋다는 것이 믿을 수 없어서 다시 외치기 시작해. "이럴 수가! 달콤한 것이 있어! 몽땅 먹어 치워!" 냉장고를 열고 몇 번이나 초콜릿 케이크를 발견해도 우리 몸은 학습을 못해. 그래서 언제나 초원에서 무화과나무를 발견한 것처럼 반응하지. 지금은 석기 시대가 아니라는 사실을 떠올리지 못해. 조상들이 살던 시절에는 이치에 맞았던 것이 이제는 그리 좋은 생각이 아니라는 사실을 생각해 내지 못하지.

그래서 우리 조상이 어떻게 살았는지 아는 게 무척 중요해. 조상이 어떻게 살았는지 알면 오늘날 우리가 하는 행동을 이해하기 훨씬 쉬울 테니까.

꼬마 고고학자

안타깝게도 사피엔스 조상이 어떻게 살았는지 우리는 잘 몰라. 많은 사람들이 협력했다는 사실은 알아냈어. 그건 네안데르탈인, 사자, 곰에 비해 그들의 큰 장점이었지. 그렇다면 조상들은 항상 많은 사람이 함께 모여 살았을까? 예를 들어 큰 동굴에 500명이 함께 살았을까? 아니면 가족끼리 작은 동굴에서 살다가, 힘을 합쳐야 할 중요한 일이 생겼을 때만 모였을까?

동굴에서 살기는 했을까?

가족이 있기는 했을까?

동굴에서부터 시작해 보자. 사람들은 석기 시대 조상이 대체로 동굴에서 살았다고 생각해. 그들의 흔적이 주로 동굴에서 발견되기 때문이지. 돌 도구, 뼈, 그리고 동굴 벽화도 있어. 1만 7000년 전 프랑스 라스코동굴에 그려진 유명한 말 그림처럼 말이야.

라스코동굴을 발견한 사람들은 고고학 전문가가 아니었어. 프랑스에서 십대 청소년 넷이 숲으로 놀러 갔다가 우연히 땅에 뚫린 구멍을 발견했지. 넷은 그 구멍을 조사해 보기로 했어. 먼저, 구멍이 얼마나 깊은지 알아보려고 구멍 안에 돌을 던져 봤어. 그 구멍은 깊은 동굴로 연결되는 통로였지. 넷은 구멍 속으로 내려갔어. 젖은 진흙으로 범벅이 된 가파른 굴을 지나 아무도 모르는 캄캄한 곳으로 들어갔지. 정말 용감하지 않아? 용기를 낸 보람이 있었어. 큰 방처럼 생긴 공간이 나왔고, 벽에는 수백 개의 그림이 그려져 있었지. 이건 20세기에 이루어진 가장 위대한 고고학 발견이었어.

십대 청소년이 이런 놀라운 발견을 한 게 이번이 처음은 아니었어. 60년 전 고고학자 마르셀리노 산스 데 사우투올라는 스페인의 알타미라동굴을 탐사하러 가면서 여덟 살짜리 딸 마리아 유스티나를 데려갔지. 마르셀리노는 오래된 뼈와 돌 도구를 찾으려고 동굴 바닥을 여기저기 뒤지며 땅에 있는 울퉁불퉁한 것들을 하나씩 조심스레 살펴보고 있었어. 그동안 **마리아는 심심했어.** 그래서 벽과 천정을 올려다보았지. 그러다 갑자기, "아빠, 황소예요."라고 외쳤어. 마르셀리노는 고개를 들어 위를 보았지. 동굴 곳곳에 들소와 여러 동물을 묘사한 멋진 그림들이 있었어.

하지만 동굴에서 유물이 많이 발견되었다고 해서 조상들이 주로 동굴에 살았다고 단정할 수는 없어. 사실 동굴에 사는 건 드문 일이었어. 그들은 주로 탁 트인 평지에 나무로 오두막을 짓거나, 나뭇가지와 동물 가죽으로 천막을 치고 살았지.

야영지 생활

이스라엘 갈릴리해와 맞닿은 지역인 오할로에서 고고학자들은 2만 3000년 전 사람들이 살던 야영지를 발견했어. 야영지는 아주 잘 보존되어 있었지. 나뭇가지와 짚으로 지은 오두막 여섯 채가 있고, 각 오두막 밖에는 불을 피운 흔적이 있었어. **이 정도 오두막은 몇 시간이면 뚝딱 지었을 거야.** 고고학자들은 다양한 돌 도구와 뼈 몇 점, 심지어는 남은 음식을 버렸던 쓰레기장까지 발견했어. 쓰레기장을 조사해서 오할로의 고대 사람들이 파충류, 새, 가젤, 사슴, 여덟 종류의 물고기, 다양한 과일과 채소, 그리고 야생 밀, 야생 보리, 야생 아몬드 따위를 먹었다는 사실을 알아냈지.

오두막은 잠시 사람들이 살다가 타버린 것 같아. 아마 실수로 불이 났거나, 살던 사람들이 오할로를 떠나기로 했을 거야. 아무튼 그들이 떠나자마자 운 좋게 홍수가 나서 야영지 전체가 점토로 두껍게 뒤덮였어. 이 점토가 굳으며 모든 것이 사람들이 떠났을 때 상태 그대로 보존되었지. 덕분에 오할로 야영지가 어떤 모습이었고, 쓰레기장에 무엇이 버려졌는지 오랜 세월이 흐른 지금도 알 수 있는 거야.

전 세계에 오할로 같은 야영지가 무수히 많았을 거야. **고대 사람들은 대체로 이런 종류의 야영지에서 살았던 것 같아.** 하지만 그런 장소들은 거의 모두 흔적도 없이 사라졌어. 오두막을 짓는 데 쓰인 나무는 바람과 비에 파괴되었고, 그들이 버린 쓰레기는 개미와 자칼이 먹어 치웠지. 그러다 보니 지금까지 남은 흔적은 대부분 동굴 깊숙한 곳에 있어. 그런 장소는 자칼과 폭풍우로부터 안전했기 때문이지.

그래서 사람들이 가끔씩 동굴에서 산 건 맞지만 항상 동굴에 살지는 않았

어. 그들은 동굴인이 아니었지.

먼 미래에 우주에서 온 소행성이 지구에 충돌해 집, 학교, 공장, 박물관 등 모든 건물이 무너진다고 상상해 봐. 무사한 곳은 깊디깊은 지하철 터널뿐일 거야. 그리고 파괴되지 않은 예술 작품은 지하철역 벽의 낙서, 노선도, 광고 뿐이겠지. 언젠가 아주 똑똑한 쥐가 세계를 지배한다면, 미래의 쥐 과학자는 우리에 대해 어떻게 생각할까? **우리를 '터널인'이라고 부를까?**

선사 시대의 가족은 어땠을까? 빌렌도르프의 비너스 시대나 오할로 야영지 시대에는 가족이 어떤 모습이었을까? 오할로에서는 한 오두막마다 각각 한 가족이 살았을까? '가족'은 무엇을 의미했을까? 한 남자와 한 여자가 평생 함께 살면서 자식을 키운다는 뜻이었을까?

확실한 건 몰라. 많은 사람들은 인간이 항상 가족끼리 살았고, 가족은 엄마, 아빠, 그리고 두 사람의 아이들로 꾸려진 줄 알지만, 그것이 사실인지는 몰라. **오늘날 세상에는 다양한 종류의 가족이 있어.** 같은 반 친구들을 한

번 봐. 모두가 엄마, 아빠와 살아? 아마 아닐걸.

오늘날 어떤 사람은 평생 한 사람과 살지만, 배우자를 바꾸는 사람도 있고, 줄곧 독신으로 사는 사람도 있어. 사우디아라비아 같은 몇몇 나라에서는 한 남자가 여러 여자와 결혼할 수 있어. 또 미국처럼 여자들끼리 결혼하거나 남자들끼리 결혼할 수 있는 나라도 있어.

자식을 한 명만 낳는 부부, **열 명을 낳는 부부**, 자식 없이 둘이서 행복하게 사는 부부도 있어. 엄마나 아빠가 홀로 자식을 키우기도 하고, 할아버지와 할머니가 손자를 키우기도 해. 아이를 입양하는 가족도 있어. 아빠만 둘이거나 엄마만 둘인 가족도 있지. 때로는 부모가 이혼한 뒤에 새로운 배우자를 찾기도 하는데, 그럴 때 아이는 엄마와 새아빠, 또는 아빠와 새엄마와 살게 돼. 또 어떤 가족은 이모, 삼촌, 사촌, 조부모가 모두 함께 살기도 하지. 그런 집에서는 동생이나 형 누나가 아니라 사촌과 방을 같이 쓰고, 부모 대신 삼촌이나 할머니가 아침밥을 차려 줄 거야. **가족을 꾸리는 방법은 무수히 많아!**

　우리 사촌인 유인원도 다양한 방식으로 살아가지. 긴팔원숭이는 보통 암컷과 수컷이 짝을 이루어 살아. 암수가 부부가 되면 수년 동안 그 관계를 유지하지. 그리고 숲속에 있는 자기들만의 영역에서 새끼들을 돌보면서 살아. 고릴라는 수컷 한 마리가 여러 암컷과 살면서 그 사이에 태어난 모든 새끼들을 키워. 새끼 고릴라들은 저마다 엄마가 다르지만 아빠는 같아.

　오랑우탄은 혼자 있는 것을 좋아해. 그렇게 홀로 평화로운 시간을 즐기지. 나무 위에 앉아 고즈넉이 노을을 바라보면서. 오랑우탄 어미들은 대체로 남편 없이 혼자 새끼를 키워. 새끼들은 다 자라면 엄마 품을 떠나 혼자 살아가지. 오랑우탄은 **그 이별을 슬퍼하지 않아. 그게 그들이 좋아하는 방식이니까!**

침팬지는 오랑우탄과 정반대야. 그들은 수컷 여러 마리와 암컷 여러 마리가 커다란 공동체를 이루며 시끌벅적하게 살아가지. 그리고 긴팔원숭이와 달리 그들은 암수가 평생 함께 살지도 않아. 침팬지 새끼들은 엄마와 매우 가까이 지내지만, 아빠는 누군지도 몰라. 사실 그들은 '아빠'가 무엇인지도 모를 거야. 침팬지의 한 종류인 '일반 침팬지'는 수컷들끼리 몰려다니면서 가장 힘센 녀석이 우두머리 노릇을 해. 또 다른 침팬지 종류인 '보노보'는 암컷들끼리 매우 진한 우정을 나누지. 그들은 서로 도와 새끼를 기르고, 수컷들에게 원하는 것을 요구해. 보노보 소녀들은 잘생긴 왕자님과의 결혼을 꿈꾸지 않아. 그들은 대체로 멋진 여자 친구를 더 좋아해!

유인원은 이처럼 다양한 종류의 가족을 꾸리며, 오늘날 인간도 마찬가지야. 그러면 오할로 사람들 같은 석기 시대 가족은 어땠을까? 오할로 유적의 집터를 보면 **여러 가지 가능성을 떠올려 볼 수 있어.**

첫 번째로 각 오두막에는 아빠, 엄마, 그리고 자식들로 이루어진 가족이 살았을지도 몰라. 아마 각 가족은 저마다 오두막을 짓고, 먹을거리를 마련하고, 밤에는 함께 잠을 잤겠지. 이웃이 찾아와도 밤이 되면 자신들의 오두막으로 돌아갔을 거야. 두 사람이 사랑에 빠져 함께 살기로 하면, 그들은 멋진 결혼식을 치러 모두에게 알리고, 새로운 오두막을 지었겠지.

조금 다른 가능성도 있어. 1번 오두막에서는 남자, 여자, 그리고 그들의 세 아이가 살았고, 그 옆 2번 오두막에서는 두 자녀를 둔 여자가 남자친구와 함께 살았을지도 몰라. 남자친구가 데리고 온 두 아이도 함께. 3번 오두막에서는 한 여자가 자신의 아이와 함께 살았고, 4번 오두막에서는 한 여자와 세 자녀, 그리고 여자친구가 살았으며, 5번 오두막에서는 노인 셋이 아이 없이 함께 살았을 거야. 그리고 6번 오두막에서는 남자 혼자 살았을 거야.

전혀 다른 가능성도 생각해 볼 수 있어. 어쩌면 가족으로 분명하게 나누어지는 집단은 없었고, 모두가 '공동체'를 이루어 살았을지도 몰라. 공동체가 새로운 장소에 가서 야영지를 꾸리면, 모두 힘을 합쳐 오두막 몇 채와 천막을 세우고 저마다 **자기가 원하는 곳에서 먹고 잤을 거야.** 첫날은 이 오두막에서 잤지만, 그곳에서 누군가 코를 심하게 골면 다음 날에는 다른 오두막에서 잤을 거야.

누군가를 좋아하게 되면, 그 사람의 오두막으로 침대만 들고 가면 그만이었지. 귀찮은 친척을 초대해 성대한 결혼식을 올릴 필요도 없고, 새 오두막을 지어 이런저런 물건을 들여놓는 수고를 할 필요도 없었어. 그러다 그 사람이 싫어지면, 누가 오두막과 전 재산을 가질지 다툰 후 수많은 중요한 서류에 서명하기 위해 값비싼 이혼 변호사를 고용할 필요도 없었지. 그냥 침대만 들고 나오면 됐어. 사실 침대를 들고 나올 필요조차 없었을 거야. 그때는 땅바닥에서 잠을 잤을 테니까.

사람들이 정말로 이런 공동체에서 살았다면, **아이들은 누가 돌봤을까?** 아이들은 엄마가 누군지 분명히 알았을 거야. 엄마는 아이를 낳고 수년 동안 정성을 다해 보살폈을 테니까. 하지만 석기 시대 아이들이 아버지가 누군지 알았는지는 확실하지 않아. 아마 모든 남자들이 모든 아이를 키우는 데 도움을 주었을 거야. 그들은 음식을 가져다주고, 사자로부터 지켜 주고, 나무 오르는 법과 돌칼 만드는 법을 가르쳐 주었겠지. 아마 아이들은 공동체의 몇몇 어른들과 끈끈한 관계를 맺었을 거야. 아무도 누가 아버지이고, 누가 삼촌이고, 누가 이웃인지 구별할 필요를 느끼지 못했을 거야. 이런 생활 방식은 우리 사촌인 침팬지와 비슷해. 침팬지도 일종의 공동체에서 살아가지.

그럴 수도 있고 아닐 수도 있어. 다양한 가능성을 상상해 보는 건 좋지만, 과학자는 상상과 사실을 잘 구별해야 해. 상상만 가지고 어떤 일이 실제로 일어났다고 말하면 안 돼. 증거가 필요해. 증거는 상상하는 게 아니야. **실제로 보고 만지고 맛볼 수 있어야 해.** 데니소바동굴에서 발견된 어린 소녀의 뼈처럼. 그 뼈는 볼 수 있고, 만질 수 있고, 굳이 원한다면 입안에 넣고 맛볼 수도 있어. 뭐 오래된 뼈 맛이 좋을 리는 없겠지만.

그러면 석기 시대 가족이 실제로 어떤 모습이었는지 알 만한 증거로 어떤 게 있을까?

석기 시대의 셀카

네 가족을 생각해 봐. 그리고 수만 년 뒤에 네 가족이 어떻게 살았는지 조사하는 쥐 과학자를 상상해 봐. 그들은 네 가족의 모습을 어떻게 알아낼까?

쥐 과학자는 네 가족의 사진첩을 보고 가족 구성원이 누구였고, 어디 살았고, 휴가를 어디로 갔는지 알아내겠지. 그렇다면 우리도 석기 시대 사진첩을 찾으면 도움이 되지 않을까? 그런데 아쉽게도 그때는 **사진기도, 사진첩도 없었어**. 라스코동굴이나 알타미라동굴의 그림처럼 그 시대에 그려진 동굴 벽화가 있기는 하지만, 대부분은 동물 그림이야. 인간 가족을 그린 건 하나도 없어. 그런데 흥미롭지 않아? 누군가의 사진첩을 봤는데 온통 말, 사자, 코끼리 사진뿐이라고 생각해 봐. 가족사진이 한 장도 없다니, 그게 무엇을 뜻할까?

석기 시대 벽화는, 그때는 가족이 별로 중요하지 않았다는 증거인지도 몰라. 아니면 석기 시대 사람들이 멀리 떨어진 동굴 벽에는 동물을 그렸지만, 가족은 나무판자에 그렸을지도 모르지. 그러면 들고 다니기 좋고 오두막 입구에 내걸기도 쉽잖아. 가족 그림은 소중해서 항상 곁에 두고 싶었을 테니까. 하지만 나무판자는 오래전에 모두 사라졌고, 동굴 벽에 그린 동물 그림만 남았지.

어쩌면 석기 시대 사람들은 무언가를 그리면 그 대상을 자기 뜻대로 할 수 있다고 생각했을지도 몰라. 그래서 그들이 잡고 싶은 동물을 그려서 그 동물을 자기 뜻대로 하려고 했겠지. 하지만 자기 모습은 아무도 그리고 싶어 하지 않았나 봐.

우리는 진실을 알 수 없고, 다르게 풀이해 볼 수도 있어. 뭔가 떠오르는 아이디어 없어?

석기 시대 가족사진에 가장 가까운 그림은 사람들이 바위와 동굴 벽에 남긴 손자국이야. 그때는 물감 분무기가 없었는데 어떻게 바위에 손자국을 남겼을까? 한 가지 중요한 단서는 손자국이 대부분 오른손이 아니라 왼손이라는 점이야. 왜일까?

사람들은 대체로 도구를 사용할 때 오른손이 더 편하다고 느껴. 고대 사람들은 분무기처럼 생긴 관을 이용해서 손자국을 만든 것 같아. 그들이 어떻게 했을지 순서를 상상해 보자.

1. 색깔이 예쁜 돌을 갈고 그 가루에 물을 섞어 물감을 만든다.
2. 속이 빈 관에 물감을 붓는다. 관은 짚이나 나무 또는 뼈로 만든다.
3. 오른손으로 조심스럽게 관을 잡고 왼손을 벽에 갖다 댄다.
4. 관의 한쪽 끝을 왼손 위에 놓고 반대쪽에서 입바람을 불어 넣는다.
5. 물감이 왼손 위로 뿌려진다. 후후후!

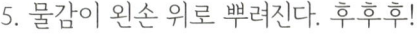

　그리고 나서 왼손을 치우면 벽에 손자국이 남을 거야. 다른 사람이 대신 물감을 불어 주면 훨씬 쉬웠겠지만, 사람들은 직접 손자국을 남기는 걸 좋아했던 것 같아. 이건 역사상 최초의 셀카였지!

　고고학자들은 바위에서는 손자국을 하나씩밖에 찾을 수 없었어. 그런데 많은 손자국이 한꺼번에 찍힌 장소가 몇 군데 있었어. 손자국은 모두 다른 사람의 것이었지만 아마 그들은 같은 무리에 속한 동료들이었을 거야. 어쩌면 그것은 **석기 시대에 단체 셀카를 찍는 방법이었을지도 몰라.** 특별한 축제가 열리는 동안 무리에 속한 사람들이 그 바위에 와서 손자국을 남겼지. 너도 내년 생일잔치에서 석기 시대 방식으로 단체 셀카를 찍어 봐. 그러면 언젠가 쥐 과학자들이 그걸 발견하겠지!

　문제는 이 바위에 셀카를 찍은 고대인들이 서로 무슨 관계였는지 모른다는 거야. 그들은 형제자매였을까? 사촌이었을까? 아니면 누군가의 생일을 축하하러 온 친구들이었을까?

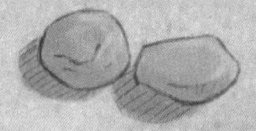

모래에 찍힌 발자국

그 밖에 고대인 가족을 이해하는 데 도움이 되는 증거로 어떤 게 있을까? 네 가족을 이해하고 싶은 쥐 과학자는 네 가족이 타는 자동차나 네가 타는 자전거를 살펴볼 수도 있어. 이웃집 자동차는 2인승 오픈카이고, 너희 집에는 자동차가 없는 대신 자전거가 네 대였다면, 미래의 천재 쥐 과학자는 네 가족은 식구가 넷이고 네 이웃은 식구가 둘이라고 결론 내릴 거야. 하지만 석기 시대에는 자동차도 자전거도 없었지. 어디를 가더라도 다들 걸어 다녔어.

놀랍게도 석기 시대 사람들 발자국이 몇 개 남아 있어. 어떻게 발자국이 지금까지 남아 있을까? 보통 모래밭에 발자국을 남기면 몇 분 안에 사라지잖아. 하지만 프랑스 바닷가에 있는 르 로젤 유적에서 고고학자들은 8만 년 전 모래 언덕을 지나던 한 무리 사람들이 남긴 발자국 257개를 발견했어.

운 좋게도 모래가 빠르게 굳어 돌로 변했고, 그 덕분에 우리는 그 발자국을 볼 수 있지.

이 발자국을 남긴 사람들은 사피엔스가 아니라 네안데르탈인이었어. 고고학자들은 발자국을 꼼꼼히 조사해서 열두 명의 네안데르탈인 무리가 남긴 발자국이라는 사실을 밝혀냈어. 대부분 어린이와 청소년으로 이루어진 무리였어. **한 명은 아장아장 걷는 아기였지.** 이 발자국은 네안데르탈인 가족에 대해, 적어도 이 발자국을 남긴 네안데르탈인 무리에 대해, 중요한 정보를 한 가지 알려 주고 있어. 이들 네안데르탈인은 오랑우탄처럼 혼자 살지 않았고, 긴팔원숭이처럼 작은 가족 단위로 살지도 않았다는 거야. 하지만 그것 말고는 8만 년 전 모래 언덕을 지나갔던 열두 명의 네안데르탈인에 대해 알 수 있는 게 별로 없어. 그들은 같은 아버지의 자식이었을까? 모두 함께 살았을까? 아니면 바닷가에서 새해를 맞이하기 위해 일 년에 한 번씩 만나던 친구들이었을까? 확실한 건 몰라.

그래서 우리는 더 많은 증거가 필요해. 미래의 쥐 과학자가 네 가족을 조사한다고 상상해 봐. 쥐 과학자가 네 가족이 소유했던 물건을 샅샅이 살펴본다면 네가 어떻게 살았는지 자세히 알아낼 거야. 네 집에 의자가 몇 개였는지, 침대가 몇 개였는지, 컴퓨터가 몇 대였는지. 하지만 **석기 시대 사람들은 소유물이 별로 없었어.** 실제로 그것은 우리가 조상들에 대해 확실하게 아는 한 가지 사실이야. 그들은 어떤 종류의 가족을 꾸렸건 거의 아무것도 소유하지 않고도 그럭저럭 살아갈 수 있었어.

오늘날 일반적인 가족은 몇 년 동안 물건이 수백만 개씩 생겨. 일단 네가 가진 물건들부터 생각해 봐. 의자나 컴퓨터 같은 큰 물건뿐 아니라, 비닐봉지, 시리얼 상자, 사탕 포장지, 그리고 네가 매일 사용하는 화장지까지. 또 밥을 먹을 때 너는 수저와 접시, 그리고 유리잔을 사용해. 놀 때는 공, 카드, 또는 플레이스테이션을 사용해. 우리는 이사할 때가 되어서야 우리가 얼마나 많은 물건을 소유하고 있는지를 깨닫지. 그 많은 짐을 포장하기 위해서는 수많은 상자가 필요해. 어떤 사람들은 짐을 옮기기 위해 이사 업체의 도움을 받기도 해.

석기 시대 조상들은 이사를 자주 다녔어. 그들은 좀처럼 한곳에 오래 머물지 않았지. 또 모든 짐을 등에 지고 다녀야 했어. 그때는 트럭도 마차도 말도 없었으니까. 그래서 그들은 물건을 모아 두지 않았어. 접시, 컵, 포크, 숟가락 대신 손으로 음식을 먹고, 뭔가를 자를 때는 돌을 이용했지.

물론 석기 시대 사람들은 돌칼 말고도 다른 물건들을 소유했어. 동물 가죽과 털, 심지어 깃털로 만든 옷이 있었고, 나무를 깎아 만든 창과 방망이도 있었지. 이따금 나뭇가지와 짚으로 만든 오두막도 소유했지. 하지만 안타깝게도 이런 것들은 오래전에 썩어 사라졌어. 썩지 않은 것은 뼈, 치아, 그리고 돌뿐이었어. 돌은 언제까지나 썩지 않아. 수백만 년을 견딜 수 있어.

돌로 만든 세상이라고?

이처럼 지금까지 남아 있는 석기 시대에 대한 증거는 거의 다 돌이야. 그 시대를 '석기 시대'라고 부르는 이유도 그 때문이고. 하지만 **석기 시대라는 이름은 오해를 불러일으킬 수 있어.** 그 당시의 모든 물건이 돌로 만들어진 것처럼 들리니까. 물론 석기 시대 조상들이 돌 침대에서 자고 돌 모자를 쓰고 돌 신발을 신은 건 아니야. 대부분의 물건이 잘 썩는 재료로 만들어졌기 때문에 돌만 남았을 뿐이지. 그래서 석기 시대에 우리 조상들이 어떻게 살았는지 정확히 알기란 매우 어려워.

다행히 우리 조상들이 어떻게 살았는지 알 수 있는 다른 방법이 있어. 돌 말고 살아 있는 사람들을 관찰하는 거야. 지구상에는 **아직도 조상들과 비슷하게 살아가는 사람들이 있거든.** 그런 곳을 찾아가면 많은 것을 알 수 있지.

일반적으로 사람들을 사는 방법에 따라 세 집단으로 나눌 수 있어. 먹을 것을 직접 재배하는 사람, 사 먹는 사람, 그리고 사냥하고 채집하는 사람. 먹을 것을 직접 재배하는 사람들이 바로

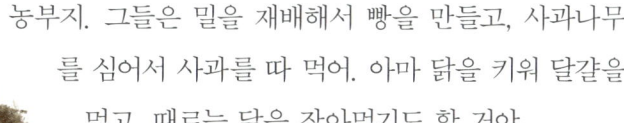

농부지. 그들은 밀을 재배해서 빵을 만들고, 사과나무를 심어서 사과를 따 먹어. 아마 닭을 키워 달걀을 먹고, 때로는 닭을 잡아먹기도 할 거야.

오늘날 대부분 사람들은 두 번째 집단에 속해. 식량을 재배하지 않고 사 먹으니까 우리는 배가 고프면 시장에 가서 빵과 사과와 달걀을 사. 아니면 휴대폰을 꺼내 피자를 주문하거나.

석기 시대 조상들은 세 번째 집단에 속했어. 그들은 식량을 재배하지도 사 먹지도 않았어. 그들은 사냥과 채집을 했지. 사실 모든 동물이 그렇게 먹을 것을 구해. **기린은 나무를 심지 않고,** 사자는 상점에 가서 기린 고기를 사지 않아. 기린은 초원에서 저절로 자라는 나뭇잎을 먹고, 사자는 기린을 사냥하지. 마찬가지로 우리 조상들도 야생 식물을 채집하고 야생 동물을 사냥했어. 그래서 우리 조상들을 '수렵 채집인'이라고 불러(줄여서 '채집인'이라고 부르기도 해). 그들이 야생에서 먹을거리를 채집했기 때문이지.

아직도 사냥과 채집으로 먹을거리를 구하는 사람들이 있어. 그 사람들은 집과 도시에 살지도 않고, 공장이나 사무실에서 일하지도 않아. 그들은 대부분 외딴 정글과 사막에서 살아. 과학자들은 그런 사람들을 찾아가서 어떻게 사는지 관찰하고, 그들의 생활 방식을 조사해서 수천 년 전 우리 조상들이 어떻게 살았는지 알아내지.

물론 현대의 수렵 채집인과 석기 시대의 수렵 채집인이 똑같이 살지는 않아. 외딴 사막과 정글에서 사는 채집인들도 석기 시대가 아니라 현대 세계의 사람들이니까. 현대 수렵 채집인 아이가 두 팔을 펼치고 빙글빙글 원을 그리면서 비행기 엔진 소리를 낸다고 해서 석기 시대에 비행기가 있었다는 뜻은 아니야. 그건 단지 현대 수렵 채집인들이 하늘을 나는 비행기를 본 적이 있다는 뜻일 뿐이지. 그렇다 해도 현대 수렵 채집인을 관찰하면 석기 시대 사람들이 어떻게 살았는지 몇 가지 단서를 얻을 수 있어.

죽은 뒤에는 어떻게 될까

고고학 증거와 현재 수렵 채집인을 관찰한 결과를 합치면, 우리는 석기 시대 사람들의 생활 방식을 어떻게 설명할 수 있을까?

꼭 알아 둘 점은 **살아가는 방식이 한 가지가 아니라** 여러 가지였다는 사실이야. 모든 사람이 똑같이 살지는 않았어. 저마다 다른 언어, 다른 문화, 다른 가족 형태, 그리고 다른 삶의 방식을 가진 수천 개 부족이 세계 곳곳에서 살았지.

이런 차이가 생기는 한 가지 이유는 사람들이 매우 다양한 장소에 살아서 온갖 종류의 지형과 기후에 적응해야 했기 때문이야. 강 근처에 살던 사람들은 물고기를 많이 먹었고, 배를 만드는 법을 배웠어. 높은 산에 살던 사람들은 헤엄칠 줄도 몰랐지. 열대 우림에 살던 사람들은 거의 벌거벗은 채 돌아다녔지만, 극지방에 살던 사람들은 두꺼운 털옷을 입었어.

같은 장소에서 이웃해 살던 부족들조차 아주 다르게 살았을 거야. 각 부

족이 서로 다른 이야기를 믿었을 테니까. 다른 동물에 비해 사피엔스가 가진 큰 장점이 이야기하는 능력이라고 했잖아. 벌들은 어느 벌집에서 나 비슷하게 행동하지만, **부족들이 저마다 다르게 살았던 이유는** 부족마다 다른 이야기를 믿었기 때문이야.

예를 들어, 첫 번째 부족은 죽은 뒤에 아기나 동물로 다시 태어난다고 믿었어. 두 번째 부족은 죽으면 귀신이 된다고 믿었지. 세 번째 부족은 둘 다 터무니없는 이야기라고 생각했을 거야. 그리고 아마 이렇게 말했을걸. 이런 쓸데없는 것을 믿다니. 사람은 죽으면 그만이야.

아마 어떤 부족은 모두가 함께 모여 살고, 이웃 부족은 가족별로 살고 있었을지도 모르지. 한 부족에서는 남자들끼리 결혼하는 건 괜찮아도 여러 사람과 결혼하는 건 받아들이지 않았을 거야. 다른 부족에서는 한 남자가 두 명 또는 열 명의 여자와 결혼할 수는 있어도 다른 남자와는 결혼할 수 없었지. 그리고 아마도 세 번째 부족은 결혼이 뭔지도 몰랐을 거야. 누군가를 좋아하면 쓸데없이 호들갑 떨지 않고 함께 살면 그만이었지.

예술을 표현하고 이웃과 교류하는 방식에도 차이가 있었겠지. 한 부족은 아름다운 동물 벽화를 그렸지만, 이웃 부족은 그림을 전혀 그리지 않고 **하루 종일 춤추고 노래하며 보냈을 거야.** 어떤 부족은 매우 난폭해서 사람들이 만나기만 하면 싸웠지만, 또 다른 부족은 온화해서 서로 사이좋게 지냈을 거야.

네안데르탈인 같은 다른 종의 인간을 대하는 태도도 부족마다 달랐을 거야. 첫 번째 부족은 아이들에게 네안데르탈인을 두려워하거나 싫어하라고 가르치고, "숲에서 네안데르탈인 아이를 만나면 재빨리 도망가!" 하고 말했을 거야. 두 번째 부족은 네안데르탈인 이웃들과 사이좋게 지냈을지도 몰라. 그리고 원한다면 네안데르탈인 아이들과 함께 놀 수도 있었을 거야. 세 번째 부족은 네안데르탈인과 결혼할 수도 있었고, 그게 잘못이라고 생각하는 사람은 아무도 없었을지도 몰라.

모든 수렵 채집인 부족이 자신들만의 특별한 방법으로 세상을 보고 삶을 이어 갔지만, 모든 사피엔스는 몇 가지 공통점이 있었어. 무엇보다, 세계 어디서든 사피엔스는 많은 사람들이 협력했다는 거야.

오할로 같은 작은 야영지에는 20~40명으로 이루어진 한 무리 사람들이 살았어. 하지만 이 무리는 여러 무리로 구성된 더 큰 부족에 속했을 거야. **부족 전체로 보자면 수백 명에 이르렀을지도 몰라.** 부족의 모든 사람들은 같은 언어를 말하고, 같은 이야기를 믿었으며, 같은 규칙을 따랐지. 이런 부족은 현대 국가와는 매우 달랐어. 정부도 군대도 경찰도 없었지. 그래도 큰 부족에 속하면 이점이 많았지.

여우 이빨 250개

예를 들어, 한 무리가 산속에 살았고 그 산에는 날카로운 칼을 만들기에 좋은 돌이 있었다고 가정해 봐. 그들은 그 돌을 호숫가에서 사는 오할로 무리에게 나눠 주었을 거야. 그러면 오할로 무리가 답례로 조개껍데기와 물고기를 주었겠지. 또 오할로 무리의 한 여성이 그물을 만드는 새로운 방법을 알아냈다면, 그녀는 호숫가에 사는 다른 무리에게 그 방법을 알려 주었겠지. 그러다 어느 해 그 호수의 물고기들이 병에 걸려 죽으면, 호숫가의 모든 무리가 한동안 산속 무리와 함께 살 수 있었을 거야. 그리고 또 다른 해에 가뭄이 들어 산속의 모든 샘이 말라 버리면, 산속 무리는 호숫가 사촌들을 찾아갔겠지. 이처럼 큰 부족에 속하면 모두가 더 날카로운 칼과 더 나은 그물을 얻을 수 있고, 어려운 시기에 더 많은 음식을 구할 수 있어.

부족이 존재했다는 걸 어떻게 아냐고? 평소에는 넓은 지역에 퍼져 살던 수백 명의 사람들이 이따금 서로 협력했다는 증거가 있냐고? 있고말고. 한 가지 증거를 보여 줄게. 고고학자들은 바다에서 수백 킬로미터 떨어진 석기 시대 야영지에서 조개껍데기를 자주 발견해. **조개껍데기가 어떻게 거기까지 갔을까?** 아마 내륙에서 살던 무리는 바다 근처에서 살던 다른 무리로부터 조개껍데기를 얻었을 거야.

또 다른 중요한 증거는 러시아의 숭기르라는 곳에서 나왔어. 거기서 고고학자들은 3만 4000년 전 무덤 터를 발견했지. 몇몇 무덤에는 사람의 뼈만 묻혀 있었어. 하지만 한 무덤에서 매머드 상아로 만든 3000개의 구슬로 덮인 마흔 살 남자의 유골이 발견됐어(매머드는 거대한 털북숭이 동물로 코끼리 사촌이야. 석기 시대에 아시아 북부, 유럽, 아메리카에서 살았어). 그 남자는 그밖에도 손목에 **25개의 상아 팔찌**를 차고, 머리에 여우 이빨로 장식한 모자를 쓰고 있었어. 모자는 가죽이나 털로 만들어졌기 때문에 사라져 버렸지만, 여우 이빨은 그대로 남았지.

그런데 고고학자들은 그곳에서 훨씬 더 흥미로운 무덤을 발견했어. 그 안에는 아름다운 예술 작품 몇 점과, 머리를 맞대고 묻힌 두 소년의 뼈가 놓여 있었지. 한 소년은 아홉 살이고 다른 소년은 열두 살이었어. 둘 다 여러 개의 상아 팔찌를 차고 있었어. 게다가 작은 소년은 5400여 개, 큰 소년은 5000여 개의 상아 구슬로 덮여 있었지. 큰 소년은 또 여우 이빨 모자를 쓰고, 여우 이빨 250개로 장식된 허리띠도 매고 있었어.

석기 시대 숭기르에서 **여우 이빨이 엄청나게 유행했나 봐.**

이 모든 것을 어떻게 설명하면 좋을까? 왜 어떤 무덤에는 귀한 물건들이 함께 묻혔고, 다른 무덤에는 뼈만 묻혔을까? 가장 쉽게 생각하면, 마흔 살 남자가 부족에서 중요한 역할을 한 지도자였고, 두 소년은 그의 자식이거나 손자여서 특별대우를 받았다는 거야. 과학자들은 실제로 오랫동안 이렇게 생각했어. 그런데 최근에 이 세 명의 뼈에서 DNA 설명서를 읽을 수 있었어. 그랬더니 두 아이는 형제나 사촌이 아니었고, 마흔 살 남자는 소년들의 아버지나 할아버지가 아니었어.

그러면 다른 해석이 필요해. 어쩌면 그 부족은 이상한 이야기를 믿었을지도 몰라. 그래서 구름 너머의 위대한 영혼을 기쁘게 하기 위해 한 남자와 두 아이를 바친 거지. 이 세 사람을 제물로 바치면, 위대한 영혼이 그들에게 많은 매머드를 보내 줄 거라고 믿었겠지. 확실한 건 모르지만 한 가지는 분명해. 무덤에 사람과 함께 묻힌 귀한 물건들을 만들기 위해서는 수백 명의 사람들이 힘을 합쳐야 했다는 사실이야.

큰 소년이 차고 있던 허리띠를 자세히 살펴볼까? 거기에는 250개나 되는 여우 이빨이 박혀 있어. 그냥 이빨도 아니고 길고 날카로운 송곳니로만 말이지. **여우는 송곳니가 네 개밖에 없어.** 여우가 어쩌다 송곳니가 빠졌다면 더 적을 수도 있지. 그럼 계산해 봐. 그런 허리띠를 만들려면 여우를 몇 마리나 사냥해야 할까? 아주 많이 사냥해야 해. 송곳니 250개를 얻으려면 적어도 여우 63마리를 사냥해서 이빨을 뽑아야 해. 정말 엄청난 일이지! 여우는 아주 영리한 동물이니까 한 마리를 사냥하는 데 하루 이틀은 걸렸겠지. 그러니 250개의 이빨을 모으려면 두 달 넘게 걸렸을 거야.

매머드 상아로 만든 구슬은 어떨까? 그걸 만들려면 먼저 매머드를 사냥해야겠지? 매머드 사냥은 여우 사냥보다 훨씬 힘들어. 매머드는 키가 4미터에 이르고 체중이 12톤이나 나갔으니까. 스쿨버스 무게와 맞먹어. 그러니 혼자서는 매머드를 사냥할 수 없고, 무리가 모두 힘을 합쳐야 했지.

매머드를 어떻게든 잡으면 그 다음에는 엄니를 깎아서 상아 구슬을 만들어야 했어. 솜씨 좋은 예술가라도 구슬 하나를 만드는 데 45분은 걸렸을 거야. 자, 그런 구슬이 아홉 살짜리 소년에게 5400개, 큰 소년에게 5000개, 마흔 살 남자에게 3000개가 놓여 있었어. 그 많은 구슬을 깎으려면 **1만 시간이 넘는 힘든 노동이** 필요했어. 단 하루도 쉬지 않고 하루 6시간씩 일하면 그 구슬을 다 만들기까지 4년 반이 걸려.

숭기르 무덤터에서 발견된 모든 장신구를 고작 10~20명이 만들었을 리 없어. 아마 수백 명이 필요했을 거야. 숭기르 무덤은 3만 년 전에는 이미 일부 사람들이 큰 부족을 이루었다는 사실을 보여 주는 뚜렷한 증거야.

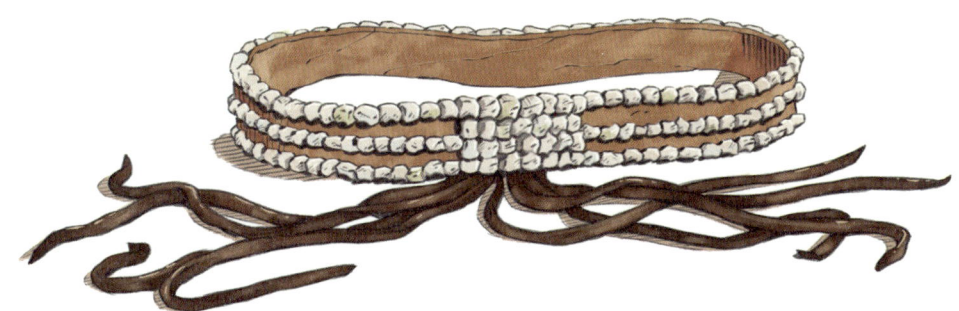

무리에서 생활하기

사람들은 이미 큰 부족을 이루었지만, 항상 부족 전체가 함께 생활하지는 않았던 것 같아. 이렇게 큰 집단이 먹을 만큼 충분한 음식을 찾기가 어려웠기 때문에 사람들은 더 작은 무리로 나뉘어 다른 장소에서 먹을 것을 찾았지. 그래서 한 부족은 몇 개의 작은 무리로 이루어져 있었고, 한 무리에 적게는 10명, 많게는 100명쯤 모여 살았어.

사람들은 아마 평소에는 자신들이 속한 작은 무리에서 생활하면서 먹을거리를 찾아 이곳저곳 돌아다녔을 거야. 특별한 행사가 있을 때만 **부족의 모든 무리가 모였지**. 예를 들어 중요한 사람이 죽으면 모두 모여 장례를 치렀을 거야. 또 큰 동물을 사냥하거나, 힘센 적과 싸우거나, 성대한 축제를 열 때도 함께 모였겠지. 하지만 보통은 몇 달 동안 무리 밖 사람을 만날 일이 없었지.

무리 안의 모든 사람은 서로를 잘 알고 지냈어. 항상 가족과 친구들에 둘러싸여 있었고, 대부분의 일을 함께했지. 함께 숲에 가서 먹이를 찾고, 함께 요리해서 먹고, 함께 모닥불 주위에 둘러앉아 이야기했을 거야. **어떤 사람들은 이런 삶이 멋지다고 생각할 거야.** 또 어떤 사람들은 혼자만의 시간이 없는 데다 항상 같은 사람들만 보는 생활이 싫을 수도 있어. 그래도 무리 사람들이 싫증 나면 언제든 다른 무리로 옮길 수 있었어. 지금도 수렵 채집인 부족은 그렇게 살아. 그리고 만일 네가 부족 축제에 갔다가 다른 무리의 누군가와 친구가 되면 친구가 네 무리로 와서 함께 살거나, 네가 친구의 무리로 가서 살 수 있었지.

그런 작은 무리에는 모든 구성원에게 명령을 내리는 강력한 지도자가 없었어. 어느 길로 갈지, 어디에 야영지를 만들지와 같이 무언가를 결정해야 할 때는 모두가 자신의 생각을 말할 수 있었지. 만일 힘센 누군가가 으스대며 자기를 위해 더 많은 여우 이빨 모자를 만들라고 명령하면, 사람들은 그냥 무시하고 다른 데로 가면 그만이었어. 지금은 누군가가 독재자가 되어도 사람들이 나라를 떠나기 어렵지만, 석기 시대 사람들은 말하자면 자신의 두 발로 투표할 수 있었지. (무리가 싫은 사람은 스스로 떠나면 된다는 뜻이야.)

위대한 수렵 채집인

고고학 연구와 현대 수렵 채집인 관찰로 석기 시대 삶에 대해 또 무엇을 알 수 있을까? 오늘날 수렵 채집인 부족들은 한곳에 머무르지 않아. 석기 시대 수렵 채집인도 아마 먹을거리를 찾아 이리저리 돌아다녔을 거야. 강에 물고기가 있을 때는 물고기를 잡으러 강으로 가고, 무화과 철이 되면 무화과를 따라 숲으로 갔지. 그들은 일정한 영토 안에서 이리저리 돌아다녔어. 그 영토가 그들의 집이었던 셈이지. 여기에서 **'집'은 돌 구조물이나 마을이 아니라,** 산과 숲과 강이 펼쳐진 드넓은 지역을 의미해.

네가 사는 집은 한쪽 끝에서 다른 쪽 끝까지 가는 데 얼마나 걸려? 대부분은 1분도 걸리지 않을걸. 대저택에 산다고 해도 5분 이상 걸리지 않지. 하지만 석기 시대 조상들은 집의 한쪽 끝에서 다른 쪽 끝까지 걸어가는 데 일주일쯤 걸렸을 거야.

이따금 어떤 장소에 먹을거리가 많으면, 하나 이상의 무리가 몇 달 동안, 심지어는 일년 내내 그곳에 머물기도 했어. 보통 물고기와 굴이 풍부하고 주변에 새들이 많은 호숫가나 강가에서 그런 일이 자주 일어났지. 사람들은 그런 곳에 아주 오래 지낼 마을을 만들었을지도 몰라.

무리의 모든 사람이 먹을 만큼 음식이 충분하지 않으면 무리가 쪼개졌어. 어떤 사람들은 있던 곳에 그대로 머물고, 다른 사람들은 그곳을 떠나 새로운 집을 찾을 때까지 걷고 또 걸었지. 무리 전체가 영토를 떠나기도 했어. 아마 자연재해가 일어났기 때문일 거야. 오랜 가뭄이 들어 강이 마르고 나무가 죽어서 먹을 게 사라졌을지도 몰라. 그러면 그 무리는 먹을거리를 찾아 먼 길을 떠나야 했어. **우리 조상들은 이렇게 서서히 전 세계로 퍼져 나갔지.**

수렵 채집은 매우 흥미로운 생활 방식이야. 사람들은 매일 다른 일을 했지. 다양한 식물을 채집하고, 온갖 종류의 맛있는 벌레와 곤충을 잡았으며, 오두막을 짓기 위해 돌이나 나무 또는 대나무를 구하기도 했지. 이따금 그들은 매머드나 들소처럼 큰 동물을 사냥했어. 하지만 사냥은 어렵고 위험하며 많은 사람들의 협력이 필요했기 때문에 특별한 경우에만 시도했지. 그래도 야생 당근이나 양파 몇 개를 찾는 일쯤은 두세 명의 아이들이 한 시간 정도 숲속을 돌아다니면 너끈히 할 수 있었어. 그들은 나무에 올라가 새 둥지에서 알을 꺼내거나, 대나무를 잘라 낚싯대나 피리를 만들기도 했어.

우리 조상들은 사냥보다는 주로 채집을 했어. 그리고 먹을 것과 돌, 나무만 모으는 게 아니라 지식도 수집했지. 그들은 학교에 가지도 않았고 책을 읽지도 않았지만, **항상 배웠어**. 온갖 종류의 지식을 배우지 않으면 살아남을 수 없었으니까.

먼저 자신들이 사는 영토에 대해 알아야 했어. 어디에 물이 있는지 모른다면 목이 마를 테니까. 어디에 먹을거리가 있는지 모른다면 배가 고프겠지. 어두컴컴한 숲을 걷는 방법을 모른다면 넘어져 다리가 부러질지도 몰라. 채집인들은 똑같은 숲과 같은 언덕을 몇 번이고 걸으며 모든 샘과 나무와 바위를 익혔어. 그렇게 **영토의 모든 것과 친구가 되었지**. 너도 한밤중에 화장실, 냉장고, 수저통을 찾을 수 있지? 수렵 채집인도 어두컴컴한 밤에 샘, 큰 호두나무, 날카로운 부싯돌이 있는 언덕을 찾을 수 있었어.

또 수렵 채집인은 주변의 동물과 식물에 대해서도 잘 알았지. 어디서 버섯이 잘 자라는지 알았고, 먹을 수 있는 맛있는 버섯과 먹으면 죽는 독버섯과 병을 치료해 주는 버섯을 잘 구별했어. 그뿐 아니라 새가 알을 낳는 시기, 새들이 둥지를 트는 장소도 훤히 꿰고 있었지. 곰이 주로 어디서 어슬렁거리는

지, 큰 곰이 쫓아오면 어떻게 도망쳐야 하는지도 배웠어.

수렵 채집인은 무엇이건 뚝딱뚝딱 잘 만들었어. 우리는 칼이나 신발 또는 약이 필요하면 가게에 가서 돈을 주고 사지. 그 물건을 누가 어떻게 만들었는지는 몰라. 어쩌면 지구 반대편에서 온 것인지도 모르지. 하지만 석기 시대에는 모두가 자신이 쓸 물건을 직접 만들어야 했어. 칼이 필요하면, 먼저 어디에 가면 좋은 부싯돌이 있는지 알아야 했어. 그리고 그곳으로 가서 부싯돌을 찾았지. 그들은 많은 부싯돌을 주워서 꼼꼼하게 확인했어. 모양을 살펴보고 무게와 질감도 느껴 보면서. 거기까지는 쉬웠지. 좋은 돌을 발견하면 그때부터 솜씨가 필요한 일이 시작됐어.

일단 부싯돌 가장자리를 다른 바위나 나무토막으로 두드려서 날카롭게 만들어야 해. 돌을 부서뜨리지 않도록 조심하면서 얇은 조각을 떼 내야 하지. **현대인이 이 일을 하면,** 아마 성공하기까지 부싯돌을 수십 개 망가뜨리고 손가락도 한두 개쯤 부러질지 몰라. 게다가 칼 하나를 완성하기까지 며칠은 아니라도 몇 시간은 걸리지. 수렵 채집인은 몇 분이면 부싯돌을 날카로운 칼로 만들 수 있었어. 그들은 어릴 때부터 연습했으니까.

고고학자들은 고대 유적에서 모닥불 흔적을 조사하다가 흥미로운 점을 발견했어. 불을 피운 곳 근처에는 돌 파편은 많은데 깨진 돌은 별로 없었지. 하

지만 불에서 멀리 떨어진 곳에는 돌 파편도 많았지만 깨진 돌도 많았어. 왜 그랬을까?

어른들이 불 가까이에 앉아 있었던 거지. 어른들은 칼을 만드는 데 익숙해서 실수로 돌을 깨뜨리는 일이 거의 없었어. 반면에 아이들은 불가에서 멀리 떨어져 앉아 이 기술을 배웠던 거야. 아이들은 기술을 제대로 익힐 때까지 많은 돌을 망가뜨려야 했지.

이렇게 수렵 채집인은 그들 주변에 있는 동물, 식물, 돌에 대해 배워 갔어. 게다가 자신의 몸에 대해, 또 몸을 어떻게 사용해야 하는지도 잘 알았어. **그들은 오늘날 우리보다 훨씬 능숙하게 듣고 보고 움직였어.** 숲을 걸을 때면 덤불 속의 아주 사소한 움직임에도 귀를 기울였지. 방금 무슨 기척이 났는데, 혹시 뱀이 스르륵 지나간 걸까?

그들은 나뭇잎 사이에 숨겨진 열매, 벌집, 새 둥지가 있는지 주변의 나무들을 꼼꼼히 살펴보았지. 또한 코를 킁킁거리며 공기 냄새로 호랑이가 다가오는지, 사슴이 도망치는지 알 수 있었어.

수렵 채집인은 딸기 한 알을 입안에 넣어서 맛을 느껴 보았어. 약간 비누 맛이 나면 독이 든 딸기였지. 활을 만들고 싶으면 나무와 나뭇가지를 손으로 만져 보면서 질감과 무게를 비교했어. **가지 하나하나가 촉감이라는 언어로 그들에게 말을 걸었어.** 매끈해, 아니면 거칠어? 말랑말랑해, 아니면 단단해? 그들은 어떤 가지가 잘 부러지고 어떤 가지가 좋은 활과 화살이 될지 이렇게 촉감으로 알아냈지.

그들은 걸을 때 맹수들이 알아채지 못하게 되도록 소리를 내지 않았어. 달릴 때는 땅이 아무리 험해도 바위와 통나무를 뛰어넘고 나무와 가시덤불을 피하며 전속력을 냈어. 앉아 있을 때는 오랫동안 같은 자세를 유지할 수 있었지. 손가락 하나 움직이지 않고 코를 긁지도 않고 주의 깊게 보고 듣기만 했어.

이처럼 수렵 채집인은 모르는 게 없었어! 우리는 요즘 사람들이 옛날 사람들보다 훨씬 많이 안다고 생각하지. 물론 사회 전체로 보면 더 많이 알아. 우리는 자동차와 컴퓨터와 우주선을 만들 줄 아니까. 하지만 개개인은 옛날 사람들에 비하면 아는 게 별로 없어. 너는 자동차를 만들 수 있어? 컴퓨터는? 우주선은? 심지어 자동차를 만드는 공장에서도 한 사람은 한 가지 일만 할 줄 알아. 어떤 사람이 타이어를 찍어 내는 기계를 어떻게 움직이는지는 알아도, 엔진이나 운전대, 또는 전조등을 만드는 방법은 모르지.

어느 직업이나 마찬가지야. 비행기를 조종하거나 이 책과 같은 역사책을 쓰려면 무엇을 알아야 할까? 한 분야에 대해서는 많이 알아야 하지만, 나머지 부분은 다른 사람들의 도움을 받아야 해. 물론 그 사람들도 저마다 자신이 맡은 일만 알아. 역사책을 쓰는 사람은 역사에 대해서는 잘 알아. 그래서 그들을 '역사학자'라고 부르지. 하지만 역사학자는 식량 재배하는 법, 옷 만드는 법, 집 짓는 법은 몰라. 그저 역사책을 쓸 뿐이고 사람들이 그 책을 사지. 이것이 역사학자가 돈을 버는 방법이야. 역사학자는 그 돈의 일부를 다른 사람들에게 주고 음식과 옷과 집을 사지. 역사학자를 정글에 혼자 두면 아마 굶어 죽거나 호랑이에게 잡아먹힐 거야. 왜냐하면 역사책을 쓰는 것 말고는 아무것도 못하거든. 역사책을 쓰는 건 정글에서 별로 쓸모가 없어.

멈출 수 없는 우리

좋았던 옛 시절

석기 시대 채집인은 이처럼 주변 세계에 대해 잘 알았기 때문에 대체로 만족스럽게 살았어. 실제로 그들은 요즘 사람들보다 훨씬 적게 일했지. 우리 시대의 공장 노동자가 하루를 어떻게 보내는지 생각해 봐. 아침 7시쯤 집을 나서서 만원 버스를 타고 매연이 자욱한 거리를 달려 시끄러운 공장으로 가. 그리고 그곳에서 열 시간 동안 기계를 움직이며 같은 일을 끝없이 반복하다가 다시 버스를 타고 저녁 7시쯤 집에 돌아오지. 그때부터는 또 가족을 위해 밥을 짓고, 설거지를 하고, 빨래를 하고, 청소를 하고, 갖가지 공과금을 처리할 거야.

2만 년 전, 수렵 채집인은 아침 8시에 친구들과 함께 야영지를 나섰을 거야. 그들은 근처 숲과 목초지를 걸으며 딸기를 따고, 나무에 올라가서 열매를 따고, 땅에서 뿌리를 캐고, 물고기를 몇 마리 잡았어. 가끔 호랑이가 나타

나 도망치기도 했지. 낮 12시가 되면 그들은 야영지로 돌아와 점심을 만들었어. **노동은 이것으로 끝이었지.** 솜씨 좋은 채집인은 서너 시간이면 자신과 가족이 먹을 충분한 음식을 찾아냈어. 그리고 점심을 먹고 나면, 설거짓거리도, 빨랫감도, 청소할 바닥도, 처리할 청구서도 없었지. 그래서 잡담을 나누고, 이야기를 지어내고, 아이들과 놀아 주고, 친구들과 어울릴 시간이 많았어. 물론 이따금 호랑이에게 잡아먹히거나 뱀에게 물리기도 했지만, 자동차 사고나 대기 오염은 없었지.

수렵 채집인은 현대 공장 노동자보다 질 좋고 다양한 음식을 먹었고, 굶거나 병에 걸리는 일도 적었어. 채집인의 뼈를 조사한 고고학자들은 그들이 **매우 튼튼하고 건강했다는 사실을 알아냈어. 그건 그들이 음식을 골고루 먹었기 때문이야.** 어떤 날은 아침으로 딸기와 버섯을 먹고, 점심으로 과일, 달팽이, 거북을 먹고, 저녁으로는 구운 토끼 고기에 양파를 곁들여 먹었어. 다음 날은 아침으로 생선, 점심으로 나무 열매 몇 움큼과 달걀, 저녁으로 무화과나무에 열린 무화과를 몽땅 따 먹었지. 이렇게 이것저것 골고루 먹었기 때문에 하루에 필요한 비타민과 미네랄을 충분히 섭취했어. 나무열매에 어떤 중요한 비타민이 빠졌다고 해도 버섯이나 달팽이에 들어 있을 테니까. 또 그들은 한 종류의 음식에만 의존하지 않았기 때문에 굶을 일이 거의 없었어.

훗날 사람들이 농사를 짓기 시작했을 때, 농부들은 보통 한 종류의 농작물만 집중적으로 재배했지. 밀밭이나, 감자밭 또는 논을 본 적 있지? 밀밭에는 밀만 있고, 감자밭에는 감자만 있고, 논에는 벼만 있어. 이렇게 하면 농부들이 논밭을 돌보기는 쉽지만 식단이 아주 단조로워져. 쌀만 재배한다면 **아침도 쌀밥, 점심도 쌀밥, 저녁도 쌀밥**을 먹어야 해. 게다가 병충해가 생겨서 벼가 모두 죽으면 식량이 없어지지. 그런 재난은 매우 흔해서 농부들은 항상 배고픔에 허덕였어.

수렵 채집인은 농부보다 훨씬 안전했지. 병충해가 생겨서 한 지역의 야생 양파와 토끼가 모조리 죽으면, 채집인은 힘든 시기를 보내기는 했어도, 다른 먹을 것을 채집하고 사냥할 수 있었어. 올해는 야생 양파 소스를 얹은 구운 토끼 고기를 못 먹는 게 좀 아쉽지만, 대신 딸기를 더 많이 따고 물고기를 좀 더 잡으면 돼!

수렵 채집인이 건강했던 이유가 단지 다양한 음식을 먹어서만은 아니야. **당시에는 전염병이 거의 없었기** 때문이기도 하지. 천연두, 홍역, 독감처럼 오늘날 우리가 알고 있는 대부분의 전염병은 동물로부터 온 거야. 독감은 닭, 오리, 그 밖의 조류로부터 왔어. 홍역, 결핵, 탄저병은 원래 소, 염소 같은 농장 동물에서 인간으로 건너왔지. 코로나바이러스는 박쥐에게서 시작되었을 가능성이 높아. 그리고 요즘 사람들은 도시에서 살기 때문에, 닭이나 박쥐로부터 온 새로운 바이러스에 한 명만 감염되어도 금세 수천 명에게 퍼져 나가지.

고대 수렵 채집인은 동물들과 접촉할 일이 훨씬 적었어. 그들은 동물을 사냥했지만, 가축으로 기르거나 시장에서 팔지는 않았어. 아무도 닭장이나 염

소 우리를 가지고 있지 않았지. 게다가 채집인은 작은 무리를 지어 살았고, 이사를 많이 다녔어. 그래서 누군가가 동물로부터 온 바이러스에 감염되어도 다른 많은 사람들에게 옮기지는 않았지.

그렇다면 **석기 시대는 인류 역사에서 가장 살기 좋은 시기였을까?** 타임머신을 타고 원하는 곳으로 갈 수 있다면, 우리는 타이머를 석기 시대에 맞춰야 할까? 어떤 사람들은 그렇게 할 거야. 그들은 숲과 초원을 자유롭게 돌아다니던 옛날을 꿈꾸지. '공부'란 활과 화살을 가지고 논다는 뜻이고, '일'이란 가벼운 숲속 산책을 뜻하던 시절 말이야. 하지만 조작 단추를 눌러 석기 시대 수렵 채집인 무리에 들어가기 전에, 수렵 채집 생활의 단점도 살펴봐야 하지 않을까? 정말로 단점이 분명히 있었어!

힘들었던 옛 시절

곤충 같은 작은 것부터 시작해 보자. 석기 시대 사람들은 항상 곤충에 시달렸어. 대수롭지 않게 들릴지도 모르지만, 직접 겪어 보면 생각이 달라질걸.

더운 날 밖으로 나가서 누워 있을 만한 멋지고 안전한 곳을 찾아봐. 아마 나무 아래가 좋겠지. 그리고 **한 시간 동안 가만히 있는 거야.** 손가락 하나 움직이면 안 되고 귀를 긁어도 안 돼. 그냥 기다리기만 해.

오래 기다릴 필요는 없을 거야. 곧 용감한 개미들이 네 발등을 기어오르고, 모기가 네 귓전에서 윙윙거리고, 성가신 파리가 네 콧잔등에 앉을 거야. 그리고 거미가…… 아니, 움직이지 말라니까! 거기 그대로 누워 있어. 움직이지 말고. 한 시간 후, 나무 아래나 임시 오두막에서 그 모든 곤충과 함께 잠을 자야 했던 시대로 정말 돌아가고 싶은지 자신에게 물어봐. 그때는 견고한 벽과 창문으로 너를 지켜주는 집이 없었다는 사실을 잊지 마. 물론 곤충만

이 문제가 아니었어. **사람들은 호랑이, 뱀, 악어가 나타날까 봐 늘 긴장했지.** 네가 텔레비전이나 동물원에서 호랑이를 볼 때는 안심해도 돼. 호랑이가 텔레비전에서 튀어나오거나 우리에서 도망치는 일은 일어나지 않으니까. 하지만 호랑이가 밖에 나와 네 주변에서 어슬렁거린다면? 과연 안심하고 집에서 나와 학교에 가거나 친구를 만날 수 있을까?

날씨도 문제였지. 비가 오면 수렵 채집인은 그대로 비를 맞아야 했어. 흠뻑 젖었지. 겨울에는 춥고 여름에는 더웠어. 그렇다고 온종일 동굴 속에서 숨어 지낼 수는 없었지. 먹을 것을 찾으러 나가지 않으면 배가 고플 테니까.

사고도 무척 흔했어. 당시에는 병원이나 약이 없었기 때문에 **가벼운 부상만 입어도 매우 위험했지.** 어떤 아이가 과일을 따려고 나무에 올라갔다가 떨어져 다리가 부러졌다고 치자. 그렇다고 한 달 동안 침대에 누워만 있을 수는 없었어. 하기는 침대도 없었지. 다른 사람들이 힘닿는 데까지 돕겠지만, 그들이 새 야영지로 옮겨 갈 때 따라가지 못하거나, 호랑이가 나타났을 때 도

망치지 못하면 아이는 심각한 곤경에 빠졌을 거야.

특히 아이들 앞에는 많은 위험이 도사리고 있었어. 아이들은 쑥쑥 자라려면 많이 먹어야 하지만, 나무를 오르거나 위험한 동물에 대처하는 데는 아직 서툴렀지. 하루하루가 새로운 시험이었어. 월요일에는 뱀을 조심하는 시험, 화요일에는 캄캄한 숲에서 길을 찾는 시험, 수요일에는 매머드를 사냥하는 시험을 치르지. 목요일에는 차가운 강물을 헤엄쳐 건너는 시험, 금요일에는 몸에 좋은 버섯과 독버섯을 구별하는 시험이 기다리고 있었어. 주말에도 시험은 계속되었지. 토요일에는 나무 타기 시험, 일요일에는 수백 마리 벌에 쏘이지 않고 꿀을 훔치는 시험을 치렀어.

이 시험 가운데 하나라도 통과하지 못하면 단지 나쁜 성적을 받는 데 그치지 않고 죽을 수도 있었어. 따지고 보면 오늘날 우리가 사는 세상은 그리 나쁘지 않을지도 몰라!

동물과 대화하기

만화를 보거나 동화를 읽다 보면 종종 말하는 나무나 동물들이 나와. 어린아이들은 순진하게도 우리가 나무나 동물들과 대화할 수 있다고 믿지. 또 우리 주변에는 유령과 영혼이 있어서, 우리가 하는 일을 몰래 지켜보거나 다락방에 숨어 있다고 믿어. 그러면 어른들은 귀엽고 재미있다고 생각해. 아이들은 자라면서 유령이나 말하는 나무 따위는 없다고 배워. 그래서 오직 어린 꼬마들만 그런 것을 믿지.

하지만 석기 시대에는 어른들도 나무와 동물이 말을 할 수 있으며 유령과 영혼이 존재한다고 믿었던 것 같아. 숲을 걸을 때 **채집인들은 덤불과 돌에 말을 걸었고**, 코끼리나 쥐에게 도와달라고 부탁하기도 했어. 새들이 하는 말에도 가만히 귀를 기울였지. 누군가가 병에 걸리거나 사고를 당하면, 그들은 유령을 탓하거나 영혼에게 조언을 구했어.

우리가 그걸 어떻게 아느냐고? 물론 확실한 건 몰라. 사람들이 무슨 생각을 했는지 알아내기란 무슨 행동을 했는지 알아내기보다 훨씬 어렵지. 예를 들어 숭기르 사람들이 매머드를 사냥했다는 사실은 분명해. 그곳에서 매머드 뼈가 많이 발견되었으니까. 하지만 **숭기르 사람들은 매머드에 대해 무슨 생각을 했을까?** 그들 가운데 동물을 죽이는 건 나쁘다고 생각한 채식주의자가 있었을까? 화가 난 매머드가 사람을 밟아 죽였다면, 그들은 죽은 사

2만 년 전

람이 어떻게 된다고 생각했을까? 죽은 사람은 천국에 가거나, 새로운 몸으로 다시 태어나거나, 유령이 된다고 믿었을까? 아니면 그냥 어둠 속으로 사라진다고 믿었을까?

이런 질문에 답하기란 매우 어려워. 석기 시대 사람들에게 무엇을 믿었는지 물어볼 수 없기 때문이지. 지금은 이슬람교인이 무엇을 믿는지 알고 싶다면 이슬람교인에게 물어보거나 코란을 읽으면 돼. 기독교인이 무엇을 믿는지 알고 싶다면 기독교인에게 물어보거나 성경을 읽으면 돼. 힌두교도가 무엇을 믿는지 알고 싶으면 힌두교도에게 물어보거나 베다를 읽으면 되지. 하지만 석기 시대 사람들은 이슬람교인도 기도교인도 힌두교인도 아니었어. 그들은 종교인이 될 수 없었지. 이 종교들은 지난 3000년 동안 생겼으니까. 코란은 1500년 전에, 성경은 2000년 전에, 베다는 아마도 2500년 전에 쓰였어.

2만 년 전에 살던 사람들은 읽지도 쓰지도 않았어. 그러니 석기 시대 판 성경도 있을 리 없지. 고고학자들은 숭기르 유적의 무덤들, 스타델의 사자 인간 조각상, 그리고 라스코동굴에서 십대 아이들이 발견한 동굴 벽화 등을 조사해서 그들이 무엇을 믿었는지에 대한 몇 가지 단서를 얻어. 흥미로운 점은, 라스코동굴 벽화에 많은 동물이 그려져 있지만, 신을 그린 그림은 없다는 사실이야. 적어도 우리 눈에 신처럼 보이는 존재는 없어. 따라서 그들은 강력한 신을 믿지 않았을 거야.

오늘날 세계의 외진 장소에 아직도 수렵 채집인이 산다고 했던 말 기억하지? 석기 시대 수렵 채집인이 무엇을 믿었는지 조사하는 좋은 방법은 현대

2500년 전   2000년 전   1500년 전

수렵 채집인과 이야기를 나눠 보는 거야. 아니나 다를까, 그들은 강력한 신을 믿지 않아. 그 대신 그들은 동물, 나무, 심지어는 바위도 말을 할 수 있고, **세상은 유령과 영혼으로 가득하다**고 믿어. 그래서 과학자들은 이렇게 결론을 내렸어. 현재건 석기 시대건, 수렵 채집 사회 사람들은 어른과 아이 모두 나무나 동물과 대화할수 있다고 믿는다고.

현대 수렵 채집인 가운데 인도 남부의 정글에 사는 나야카족이 있어. 나야카족은 정글에서 호랑이, 뱀, 코끼리 같은 위험한 동물을 만나면 그 동물에게 직접 말을 걸어. "너도 숲에 살고 나도 숲에 살아. 너는 여기에 먹이를 찾으러 왔고, 나도 이곳에 뿌리와 덩이줄기를 캐러 왔어. 나는 너를 해치러 온 게 아니야. 그러니 나를 해치지 마."

나야카족의 어떤 사람이 수컷 코끼리한테 죽임을 당한 적이 있었어. 부족 사람들은 그 코끼리를 '**항상 혼자 다니는 코끼리**'라고 불렀지. 인도 정부는 그 코끼리를 잡기 위해 사람들을 보냈지만, 나야카족은 협조하지 않았어. 그들은 그 코끼리가 난폭하게 행동하는 이유가 있다고 설명했지. 그 코끼리한데는 친한 친구가 있었어. 또 다른 수컷 코끼리였지. 둘은 항상 함께 숲을 돌아다녔어. 그러던 어느 날 나쁜 사람들이 친구 코끼리를 쏘아서 어디론가 데려갔지. '항상 혼자 다니는 코끼리'는 그 후로 무척 외로웠고, 그래서 인간에게 매우 화가 났어. "만일 당신에게서 친구를 빼앗아 간다면 기분이 어떨까요?" 나야카족이 물었지. "그게 바로 이 코끼리가 느낀 감정이에요. 두 코끼리는 밤에는 종종 따로 다녔지만, 아침이 오면 항상 함께 있었어요. 그런데 그 끔찍한 날, 그 코끼리는 친구가 쓰러지는 모습을 보았죠. 늘 함께 다니는 두 친구 중 하나를 쏘면, 남은 친구는 어떤 마음일까요?

나무에 말 걸기

동물도 말을 하고 바위와 강에 영혼이 깃들어 있다고 믿는 사람들에게, 과학자들은 특별한 이름을 붙여 줬어. 바로 '애니미스트'야. '애니미스트'라는 말이 어디에서 왔을까? 맞아, 라틴어에서 왔어. 라틴어로 '아니마'는 '영혼'을 뜻해. 이들 영혼은 느끼고, 무엇인가를 원하고, 자신의 느낌과 소망을 다른 영혼들에게 말할 수도 있어. 애니미스트에게는 **나무, 코끼리, 꽃, 돌과 이야기를 나누는 것이 아주 당연한 일이야.** 그들은 모든 것에 영혼이 깃들어 있다고 믿으니까.

예를 들어 애니미스트는 언덕 꼭대기에 서 있는 큰 호두나무에 영혼이 깃들어 있다고 믿어. 그 나무는 비와 햇빛을 좋아하고, 사람들이 창을 만들기 위해 가지를 꺾으면 화를 내. 나무가 행복하면 호두 열매를 많이 맺어서 사람, 다람쥐, 까마귀한테 나눠 주지. 그런데 화가 나면 호두 열매를 맺지 않아. 심하게 화가 나면 사람들을 병에 걸리게 할 수도 있어. 나무가 어떻게 그런 일을 할 수 있냐고? 호두나무의 영혼은 친구들이 많거든. 온갖 종류의 작은 영혼과 유령들이 나뭇가지 사이에 살지. 그래서 어떤 남자가 호두나무의 영혼을 화나게 하면, 나무는 이 작은 친구 영혼들한테 그 남자의 코나 입으로 들어가서 목구멍을 타고 위장으로 내려가 끔찍한 배탈을 일으켜 달라고 부탁해.

호두나무는 이 작은 영혼들과 대화하는 건 물론이고, 사람들에게 직접 말을 건넬 수도 있어. 그러면 사람들도 바로 대답할 수 있지. 이를 테면 호두나

무를 화나게 해서 병에 걸린 남자는 호두나무에게 용서를 빌 수 있어. 운이 좋으면 호두나무는 남자를 용서하고, 작은 영혼들한테 남자의 배에서 다시 나오라고 말해 줄지도 몰라.

물론 나무와 이야기하기란 쉽지 않지. 먼저 나무의 언어를 배워야 해. 그러기 위해서는 시간과 인내심이 필요해. 우리는 중국어나 스웨덴어를 하루아침에 배울 수 없잖아. 나무의 언어도 마찬가지야. 나무의 언어, 바위의 언어, 개구리의 언어를 하루아침에 배울 수는 없어. 나무의 말, 바위의 말, 개구리의 말은 복잡한 언어야. 단어로 되어 있지 않거든. 신호, 소리, 움직임, 심지어는 꿈으로 이루어져 있지. 오늘날 대부분 사람들은 나무와 대화할 수 없어. 애니미스트는 그 이유가 나무가 말을 하지 않기 때문이 아니라, 사람들이 나무의 언어를 잊어버렸기 때문이라고 생각해.

오늘날 대다수 사람들은 인간이 이 세계에서 가장 중요한 존재라고 생각하지. 하지만 애니미스트는 만물에 깃든 영혼이 모두 평등하다고 믿어. 인간이 나무보다 중요하지 않고, 매머드가 개구리보다 중요하지 않아. **모든 것은 이 세계에 설 자리가 있고,** 모두에게 명령할 수 있는 존재는 없어. 애니미스트는 큰 신을 우러러보지 않아. 그들은 마을의 작은 영혼들과 대화하지. 언덕 꼭대기의 호두나무한테 무엇인가 원한다면, 나무 여신이나 하늘의 위대한 신이 아니라 호두나무한테 직접 부탁해야 해. 생각해 보면 당연한 거야. 여동생이 네게 초콜릿 바를 나눠 주기를 바라면, 여동생 여신이 아니라 여동생에게 직접 부탁해야지!

애니미스트는 세상을 지배하는 규칙을 한 위대한 신이 정하지 않고, 세상의 모든 영혼이 의논해서 정한다고 생각해. 세상 만물이 어떻게 행동해야 하는지 정해야 한다면 인간, 나무, 늑대, 그리고 그 밖의 모든 영혼이 함께 의논해서 결정하는 게 옳지.

멈출 수 없는 우리

석기 시대 규칙

수렵 채집인은 어떤 규칙을 가지고 있었을까? 규칙이 어디서나 똑같지는 않았어. 왜냐하면 하늘나라에 사는 하나의 위대한 신이 정한 게 아니었으니까. 모든 지역에는 저마다 다른 동물과 나무와 돌이 있었고, 그래서 사람들은 지역마다 다른 규칙을 따랐지. 숭기르의 규칙은 오할로의 규칙과 달랐고, 오할로의 규칙은 라스코나 스타델과 달랐지. 나야카 사람들이 지금 어떤 규칙을 따르는지는 직접 물어보면 되니까 우리도 알 수 있어. 하지만 숭기르, 오할로, 라스카, 스타델에서 고대 인간이 정확히 어떤 규칙을 따

랐는지는 알 수 없어. 증거가 충분하지 않기 때문이지. 게다가 증거를 발견해도 여러 가지로 해석할 수 있어.

 예를 들어 아래의 벽화를 봐. 수렵 채집인이 1만 7000년 전쯤에 라스코동굴 벽에 그린 그림이야. 무엇을 그린 것 같아?

 새 머리를 한 남자가 들소와 함께 있고, 남자 밑에 새가 또 한 마리 그려져 있어. 여기까지는 다들 동의해. **그런데 이 그림은 무엇을 말할까?** 몇몇 고고학자는 들소가 남자를 공격했고, 그래서 남자가 쓰러져 죽는 장면이

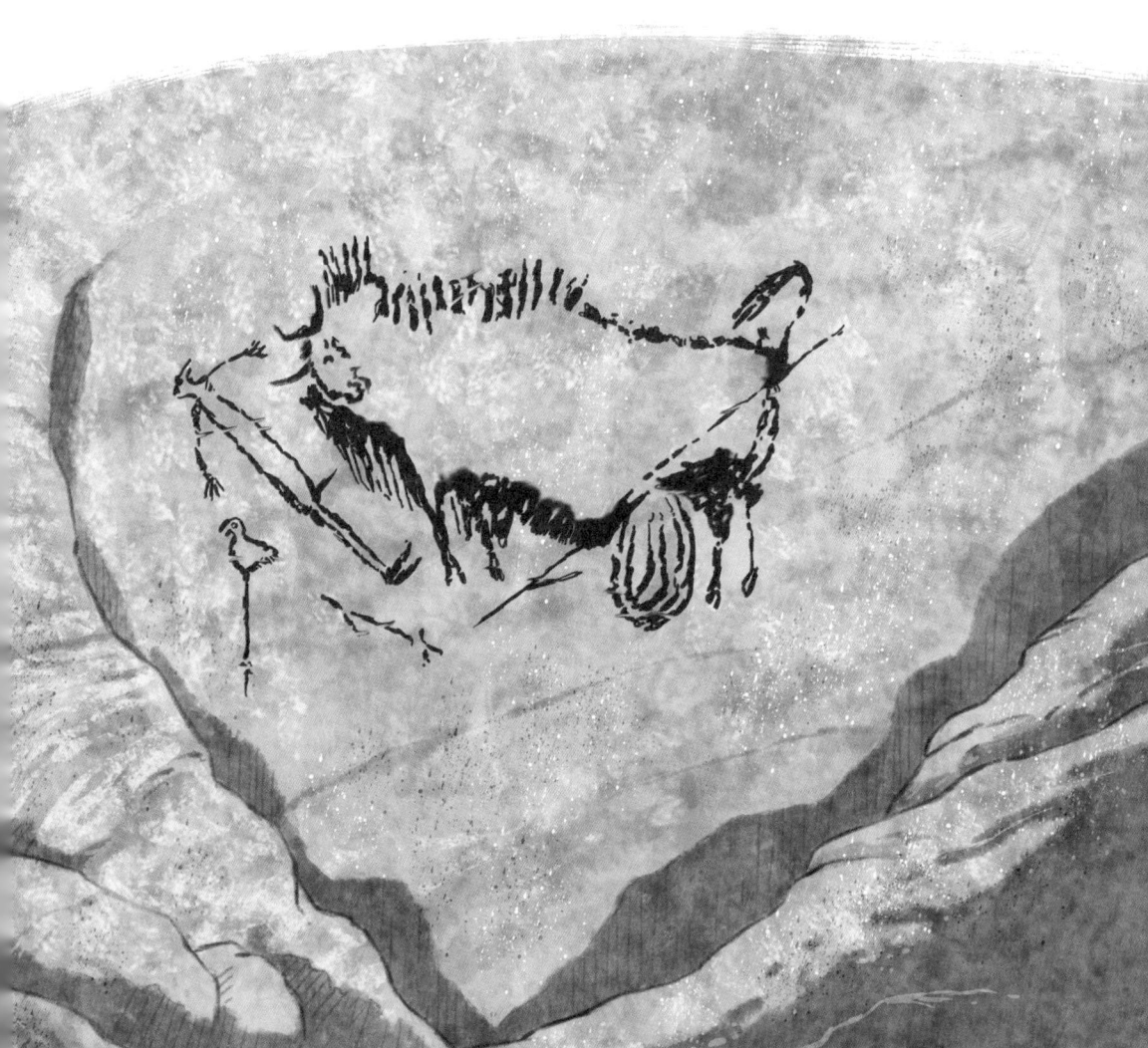

라고 설명하지. 남자 밑에 있는 새는 남자가 죽는 순간 영혼이 날아가는 모습을 표현한 것이고. 어쩌면 크고 무서운 들소는 그냥 평범한 동물이 아니라 죽음 그 자체를 상징하는 것인지도 몰라. 그래서 몇몇 고고학자들은 이 그림이 1만 7000년 전 사람들의 믿음을 보여 주는 증거라고 주장해. 그 무렵 사람들은 죽으면 몸에서 영혼이 빠져나와 하늘로 날아가거나, 새로운 몸으로 들어간다고 믿었다는 거지. 이 해석이 옳을지도 몰라.

물론 잘못 짚었을 수도 있어. 이 이론이 맞았는지 틀렸는지 **확인할 방법은 없어**. 어쩌면 그림을 못 그리는 사람이 머리를 잘못 그려서 남자의 머리가 새 머리처럼 되었을지도 모르지. 남자의 손과 발도 어설프게 그려졌잖아.

설령 남자의 머리에 정말로 새의 머리를 그려 넣었다고 해도, 석기 시대의 배트맨이나 슈퍼맨을 그린 것인지도 몰라. 나쁜 들소 괴물과 싸우다가 들소가 공격하려는 순간 바로 날아가 버리는 거라면?

다르게 보면, 그 남자는 쓰러져 죽어 가는 게 아닐지도 몰라. 남자는 들소

를 껴안기 위해 팔을 크게 벌렸고, 들소도 고개를 숙이고 남자를 끌어안는 장면일 수도 있어. 그렇다면 이 그림은 인간과 들소의 우정을 나타낼까?

너도 그림을 잠시 들여다보면서 상상의 나래를 펼쳐 본다면, 또 다른 그럴듯한 이야기가 마구 떠오를 거야.

모를 때는 솔직히 인정하는 게 가장 좋아. 우리는 석기 시대 사람들이 정확히 무엇을 믿었는지, 어떤 이야기를 했는지 몰라. 인류 역사에서 우리가 모르는 부분을 구멍이라고 한다면, 석기 시대 사람들이 무엇을 믿었는지는 가장 큰 구멍 가운데 하나일 거야.

침묵의 장막

지금까지 우리는 수렵 채집인이 일반적으로 어떻게 살았는지 살펴봤어. 하지만 사람들의 삶에서 중요한 부분은 '일반적'인 것들이 아니야. **역사는 구체적인 사건으로 이루어지고,** 대부분 역사책은 이런 사건을 매우 자세하게 기록하지.

예를 들어 최초의 달 착륙에 관한 역사책에는 1969년 7월 20일 오후 8시 17분 40초에 달 착륙선 이글호가 달 표면의 '고요의 기지'라는 장소에 어떻게 내려앉았는지 기록되어 있어. 이글호에는 두 남자가 타고 있었지. 닐 암스트롱과 버즈 앨드린이야. (세 번째 우주비행사 마이클 콜린스는 사령선인 컬럼비아호에 타고 달 궤도에서 두 사람을 기다렸어.) 그때 암스트롱은 미국 휴스턴의 지상관제센터에 연락해 이렇게 말했어. "휴스턴, 여기는 고요의 기지다. **이글이 착륙했다.**" 그 순간 전 세계에서 적어도 6억 명이 텔레비전과 라디오 앞에 붙어 앉아, "이글이 착륙했다"는 유명한 말을 들었지. 물론 달에 착륙한 건 '이글(독수리)'이 아니라 인간이었어.

우주비행사들은 꼼꼼하게 준비한 다음, 우주복을 입고 7월 21일 오전 2시 39분 33초에 달 착륙선의 문을 열었어. 닐 암스트롱은 몇 가지 준비를 더 한 뒤 정확히 아홉 계단으로 이루어진 사다리를 내려가기 시작했어.

오전 2시 56분 15초에 암스트롱은 사다리의 마지막 계단에서 발을 떼어 달 표면을 밟은 다음 이렇게 선언했어. **"한 인간에게는 작은 발걸음이지만 인류에게는 위대한 도약이다."** 우리는 이 사건을 아주 세세한 부분까지 알고 있어.

석기 시대에도 위대한 역사적 사건이 많이 일어났을 거야. 하지만 석기 시대 사람들은 글을 쓸 수 없었기 때문에 그런 사건들에 대한 이야기를 남긴 사람이 아무도 없었지. 그래서 시간이 흐르면서 모든 이야기가 잊히고 말았어. 그 탓에 위대한 사건이 일어났다 해도 우리는 그 이야기를 들어 보지 못했지. 예를 들어 사피엔스 부족이 네안데르탈인이 사는 계곡에 처음 들어섰을 때 무슨 일이 일어났을까? 몇 년 동안은 아마도 달 착륙만큼이나 중요한 극적인 장면이 펼쳐졌을 거야.

무슨 일이 일어났는지 상상해 볼까? 아마도 이 모든 사건은 딸기를 따라 언덕에 올라간 여성으로부터 시작되었을 거야. 언덕에서 그녀는 아래쪽 계곡에 있는 낯선 사람들을 보고, 이렇게 소리치며 언덕을 달려 내려왔어.

"괴물이다! 괴물!"

그 여성의 무리는 다른 무리에게 괴물에 대해 말했고, 사람들은 앞으로 어떻게 할지 결정하기 위해 보름달이 뜨는 밤에 만나기로 했어. 드디어 보름달 뜨는 밤에 몇 무리가 모닥불 주위에 둘러앉았지. 그리고 한 사람씩 자기 생각을 말했어. 불꽃이 그들의 얼굴을 환하게 밝혀 주었지. 어떤 사람들은 네안데르탈인은 괴물이 아니니 친구가 될 수 있다고 말했어. 다른 사람들은 네안데르탈인에게 가까이 가지 말고 그들의 계곡에는 발도 들이지 않는 게 좋

겠다고 말했지. 또 다른 사람들은 네안데르탈인은 위험한 괴물이니 힘을 합쳐 그들과 싸워서 그들의 계곡을 정복해야 한다고 주장했어. 누가 옳은지 아무도 결정할 수 없었지.

그래서 부족을 지켜 주는 영혼에게 물어보기로 했어. 어떻게 해야 할지 수호신은 알고 있을 테니까. 수호신을 속속들이 알고 있는 부족의 심령술사는 북을 치며 발을 구르는 신성한 춤을 추자고 했어. 그래서 부족 사람들은 춤을 추고 또 추며 수호신에게 도움을 구했지. 마침내 심령술사는 수호신이, 또렷한 목소리로 "전쟁"이라고 속삭이는 소리를 들었어. (심령술사는 아무것도 듣지 않았을 거야. 전쟁을 원하는 사람들이 심령술사에게 그렇게 말하면 상아 구슬 백 개와 여우 이빨로 장식한 모자 세 개를 주겠다고 약속했기 때문에 거짓말을 한 거지.)

이렇게 해서 전쟁이 시작되었어. 그들은 나무 몽둥이와 돌촉이 달린 창을 들고 싸웠지. 대학살이었어. 네안데르탈인은 몰살되었지. 가시덤불 밑에 숨어 있다 들킨 **겁에 질린 세 살짜리 남자아이만 빼고.** 한 착한 사피엔스가 그 아이를 입양하자고 제안했지만, 다른 사람들이 거세게 반대했어. 그 아이는 괴물이니까 죽여야 한다고 외쳤지. 모닥불 주위에서 또 한 차례 팽팽한 토론이 벌어졌어. 사람들은 눈을 번득이고 목소리를 높였지. 곧 그들은 몽둥이와 창을 꺼내 휘두르려 했어. 그런데 싸움이 벌어지려는 찰나, 부족에서 가장 나이가 많지만 좀처럼 말을 하지 않는 어르신이 일어나더니 사슴 가죽으로 만든 망토를 벗어서 소년의 어깨에 둘러 줬어. 이렇게 해서 소년은 부족에 남게 되었지. 그는 무럭무럭 자라 사피엔스 부족의 어른이 되었고, 그의 피는 지금 우리에게 이어지고 있어. 어쩌면 그는 네 까마득한 할아버지일지도 몰라!

   이 모든 건 사실이 아니라 상상일 뿐이야. 그런 일이 일어났을 수도 있고, 실제로는 전혀 달랐을 수도 있어. 어쩌면 전쟁도 전투도 학살도 없었을지도 몰라. 사피엔스가 네안데르탈인을 처음 만났을 때 그들은 함께 흥겨운 축제를 열어 춤추고, 노래하고, 여우 이빨로 장식한 모자를 맞바꾸고, 심지어 입맞춤까지 했을지도 모르지. 사람들은 한동안 이 멋진 축제에 대해 이야기했을 거야. 하지만 결국 그 일은 석기 시대에 일어난 다른 모든 사건들과 함께 잊혔지.

   우리는 실제로 무슨 일이 일어났는지 몰라. 증거가 없으니까. 기껏해야 고고학자들이 누군가의 모자에 달린 여우 이빨을 발견하고, 과학자들이 네 DNA에서 네안데르탈인 유전자를 찾아낼 뿐이지. 여우 이빨과 유전자는 석기 시대 조상들에 대해 몇 가지를 알려 줘. 하지만 구체적인 사건의 세세한 부분에 대해서는 침묵을 지키지. 그 당시에 전쟁이 있었는지 축제가 있었는지 여우 이빨은 말해 주지 않아.

사피엔스와 네안데르탈인의 첫 만남처럼, 수많은 석기 시대 드라마가 펼쳐졌을 테지만, 우리 앞에는 두터운 침묵의 장막이 드리워져 있어. 이 장막은 수만 년의 역사를 감춰 버리지. 그 당시에 많은 전쟁과 축제가 있었을 것이고, 사람들은 온갖 종류의 종교와 철학을 생각해 냈을 거야. 예술가들은 역사상 최고의 노래를 작곡했을 수도 있어. 하지만 우리는 그 가운데 어떤 것도 알지 못해.

그런데 딱 한 가지, 우리 조상이 저질렀다고 확신할 만한 일이 있어. 그리고 우리는 그 일에 대해 많은 내용을 알고 있어. 그것은 바로, 전 세계의 거대 동물 대부분을 멸종시킨 일이야.

4장

그 많은 동물은 어디로 갔을까

미지의 세계로

처음에 인간은 세계 곳곳에 퍼져서 살지 않았어. 그저 일부 지역에서만 살았어. 우리 사피엔스 조상은 아프리카에서, 네안데르탈인은 유럽과 중동에서, 데니소바인은 아시아에서, 그리고 플로레스섬의 작은 인류는 플로레스섬에서 살았지.

그 밖의 많은 지역에는 인간이 전혀 없었어. 아메리카나 오스트레일리아에도 인간이 없었고, 일본, 뉴질랜드, 마다가스카르, 하와이 같은 많은 섬에도 인간은 없었어.

인간은 물고기처럼 자유롭게 헤엄치지 못했거든. 플로레스섬처럼 대륙에 가까운 섬에는 이따금 건너갈 수 있었지만, 드넓은 바다를 건너야 하는 오스트레일리아나 하와이 같은 장소에는 이를 수 없었지.

사피엔스 조상들은 7만 년 전쯤 아프리카를 떠날 때 처음에는 어디든 걸어서 갔어. 그들은 유럽까지 걸어가 네안데르탈인을 만났고, 아시아까지 걸어가 데니소바인을 만났지. 그렇게 계속 걸어서 마침내 아시아의 가장 먼 곳에 다다랐어. 걸어서 갈 수 있는 곳은 거기까지였지. 하지만 거기서 멈출 그들이 아니었지.

그들에게 **좋은 생각이 떠올랐거든.** 그들은 나무가 물에 뜬다는 사실을 알고 있었어. 그래서 통나무를 여러 개 묶어 뗏목을 만들거나, 나무줄기 속을 파내서 작은 배를 만들었지. 그러고는 바다로 나아갔어.

이건 인간이 해낸 정말 멋진 일이었어. 다른 동물들도 처음에 육지에서 살다가 바다에서 살게 된 경우가 있어. 예를 들어 고래의 조상은 몸집이 큰 개와 비슷한 육상 동물이었지. 5000만 년 전쯤, 개를 닮은 이 동물 가운데 일

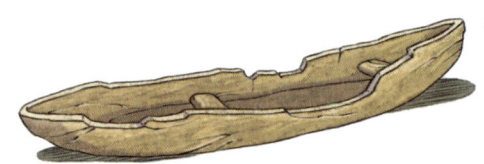

멈출 수 없는 우리

부가 가끔 강과 호수에 들어가 물고기를 비롯해 작은 생물을 사냥하기 시작했어. 과학자들은 파키스탄에서 이 동물의 뼈를 발견하고, '파키케투스'라는 이름을 붙였어. 파키케투스의 후손은 물속에서 사는 생활에 적응했고, 강에서 점점 더 많은 시간을 보냈어. 그러다 육지로 올라갈 일이 거의 없어졌지. 걸을 일이 없던 파키케투스의 발은 점점 작아지다 지느러미로 변했어. 꼬리는 헤엄치기 좋게 점점 커지고 넓어졌어. 결국 이 동물은 바다로 헤엄쳐 갔지. 그들은 그렇게 육지에서 살던 일은 까맣게 잊고 깊은 바다에서 평생을 보냈어. 그리고 바다에 적응하며 점점 거대해지다가 마침내 고래가 되었지.

이렇게 되기까지는 수백만 년이 걸렸어. 어떤 동물도 자신이 사는 동안에는 변화를 느끼지 못했지. 태어날 때는 작은 육상 동물이었지만 성장하면서 거대한 고래가 된 동물은 없어. 4분의 1쯤 고래가 되었다고 느낀 동물도, 반쯤 고래가 되었다고 느낀 동물도 없었지. 육상 동물이 고래로 변하는 과정의 모든 단계에서 그들은 원래 살던 대로 살았고, 그것에 아무런 불만이 없었어. 개를 닮은 고래 조상이 오늘날의 고래를 만난다면, 이 거대한 바다 괴물이 자기 후손인지도 모를 거야.

그리고 고래가 진화의 마지막 단계도 아닐 거야. 그들은 계속 진화하겠지. 그러면 5000만 년 뒤에 어떤 모습이 될지 누가 알겠어!

고래와 달리 사피엔스는 바다를 건너고 싶어졌을 때 몸이 진화하기를 기다릴 필요가 없었지. **그들은 그냥 새로운 도구를 만들었어.** 사피엔스는 지느러미가 생겨나기를 기다리는 대신 배를 만들었어. 그 일은 수백만 년씩 걸리지도 않았지. 겨우 몇 세대가 걸렸을 뿐이야.

처음 배 만드는 법을 배우자 사피엔스는 바닷가에서 보이는 섬을 목표로 노를 저었어. 그런 다음 그 섬에서 다른 섬으로 노를 저었고, 결국 가장 먼 섬까지 도달했지. 이제 아무리 멀리 내다봐도 섬은 보이지 않았어. 거기가 세상의 끝이었을까?

하지만 사피엔스는 거기서 멈추지 않았어. 아마 용감하고 모험심 많은 몇몇 사람이 수평선 너머에 또 다른 섬이 있을지도 모른다고 말했을 거야. "또 다른 섬이 있는지 네가 어떻게 알아? 본 적도 없잖아." 신중한 친구들이 물었지.

"섬이 없다는 걸 네가 어떻게 알아? 가 보지도 않았잖아." 용감한 사람들이 대답했어.

어쨌든 한 무리의 사람들은 위험을 무릅쓰고 수평선 너머에 미지의 세계가 있는지 직접 확인해 보기로 했어. 그들은 뗏목과 통나무배에 식량과 물을 가득 싣고 노를 젓기 시작했지. 그렇게 노를 젓고 또 젓다 보니 어느 순간 이 용감한 여행을 시작한 섬이 보이지 않았어. 하지만 새로운 섬도 보이지 않았지. 이제 식량과 물이 떨어져 갔어. 거기서 더 가면 집으로 돌아올 때 식량이 모자랄 것 같았지. 네가 만일 그 배에 타고 있다면 어떻게 하겠어?

몇 명은 너무 위험하니 돌아가자고 했을 거야. 하지만 다른 사람들은 계속 가 보자고 주장했어. 어쩌면 그들 가운데 한 명이 저 앞에서 날아가는 새를 보고 이렇게 생각했을지도 몰라. '저 새는 틀림없이 어디론가 가고 있어. 그러니 저 앞에 틀림없이 육지가 있을 거야!' 그래서 그들은 계속 노를 젓고 또 저었어.

그리고 마침내 오스트레일리아에 도착했지.

5만 년 전쯤에 일어난 일이야. 오스트레일리아에 최초로 도착한 사람들의 항해는 **역사상 가장 중요한 사건 가운데 하나야.** 콜럼버스의 아메리카 항해보다도, 닐 암스트롱과 그 동료들의 달 여행보다도 중요해. 사람들이 오스트레일리아 바닷가에 첫발을 내디딘 순간은 인간이 세계에서 가장 위험한 동물, 즉 지구의 지배자가 된 순간이었으니까. 그때까지 인간은 환경에 큰 영향을 미치지 않았지만, 그 순간부터 세계를 완전히 바꿔 놓기 시작했어.

멈출 수 없는 우리

오스트레일리아의 거대 동물들

그 바닷가에 첫발을 내디딘 사람들은 오스트레일리아에 대해 아무것도 몰랐어. 혹시 새로운 도시로 이사하거나, 다른 학교로 전학 가 본 적 있어? 적응하기 힘들지 않았어? 누가 착한 아이인지 누가 못된 아이인지도 모르고, 복도에서 선생님이 다가오면 인사를 해야 하는지 그냥 비켜서야 하는지도 모르고, 식수대가 어디 있는지도 모르고, 멋진 아이들이 어디서 시간을 보내는지도 몰라.

오스트레일리아에 처음 도착한 사람들도 그런 기분이었을 거야. **아무도 그곳에 와 본 적이 없어서,** 그들은 그곳에 대해 아무것도 몰랐지. 어떤 버섯과 딸기가 맛있고, 어떤 것에 독이 들었는지 알 수 없었어. 캥거루가 다가오면, 캥거루가 위험한 동물인지 사람을 해치지 않는 동물인지 알 수 없었지. 어디로 가면 물웅덩이와 부싯돌이 있는지도 몰랐어. 모든 게 새로웠지.

세계 곳곳에서

4장_그 많은 동물은 어디로 갔을까

　새로운 땅을 탐험하기 시작했을 때, 그들은 갖가지 거대하고 이상한 동물들을 발견했어. 그 당시 오스트레일리아에는 오늘날 우리가 알고 있는 캥거루뿐만 아니라 거대한 캥거루도 살았어. 그 거대한 캥거루는 키가 2미터에 이르고 몸무게가 200킬로그램이나 나갔지. 이 캥거루를 유대류 사자인 틸라콜레오가 사냥했어. '주머니사자'라고도 부르지. 주머니사자는 사자처럼 몸집이 크고 사나웠지만, 캥거루처럼 주머니에 새끼를 넣고 다녔어. 날지 못하는 거대한 새 게니오니스는 오스트레일리아 평원을 가로질러 달렸어. 그들은 인간보다 몸집이 컸고 큼지막한 알을 낳았지. 알 한 개로 커다란 오믈렛을 만들 수 있을 만큼 컸어!

　숲에는 거대한 코알라가 살았고, 용처럼 생긴 도마뱀이 일광욕을 즐겼고, 몸길이가 5미터나 되는 뱀이 풀 사이로 미끄러져 지나갔어. 이 뱀은 한 번에 꼬마 세 명을 삼키고도 배 속이 가득 차지 않았을 거야! 가장 큰 동물은 디프로토돈이었어. 몸무게가 거의 3톤이나 나가고 몸집이 대형 자동차만 한 유대류 동물이었어.

메가테리움

디프로토돈　　　글립토돈　　　땅늘보

멸종된 거대 동물들

멈출 수 없는 우리

멸종

사피엔스가 오스트레일리아에 도착한 지 얼마 되지 않아 이 거대한 동물들이 모두 멸종했어. 수많은 작은 동물들도 마찬가지였지. 멸종이란 전부, 완전히, 남김없이 사라진다는 뜻이야. 한 종류의 동물이 멸종한다는 건, 그 종류에 속하는 동물들이 한 마리도 남지 않고 죽는다는 뜻이야. 모두 죽으면 새로운 새끼가 태어날 수 없기 때문에 **그 종류의 동물은 영원히 사라지지**. 이런 일이 거대 캥거루, 주머니사자, 몸길이가 5미터인 뱀, 디프로토돈, 그리고 그 밖의 많은 동물들한테 일어났어. 왜 그랬을까?

우리는 나쁜 일이 일어나면 자기 탓인지 알면서도 다른 핑계를 대고 싶어해. 거실에서 공놀이를 하다가 엄마가 아끼는 꽃병을 산산조각 냈다면? 당연히 고양이가 범인이지! 마찬가지로, 몇몇 사람들은 오스트레일리아의 거대 동물들이 멸종한 이유가 기후 변화 때문이라고 주장해. 날씨가 점점 추워지고 비가 오지 않아서 동물들의 먹이가 줄어들었고, 그래서 모두 죽었다고 말이지.

솔직히 믿기 어려운 설명이야. 오스트레일리아 기후가 5만 년 전에 변한 건 사실이지만 그리 큰 변화는 아니었어. 게다가 이 거대한 동물들은 수백만 년 동안 그곳에 살았고 그동안 여러 번의 기후 변화를 무사히 넘겼어. 그런데 왜 하필 인간이 처음 나타났을 때 갑자기 사라졌을까? 좀 솔직해지자고.

사피엔스 때문이었다고 설명하는 게 가장 앞뒤가 맞잖아.

그 옛날 사피엔스가 어떻게 그런 재앙을 일으킬 수 있었을까? 총도 폭탄도 없었는데 말이지. 그들은 자동차와 트럭을 운전하지도 않았어. 도시와 공장을 짓지도 않았어. 가진 거라고는 석기 시대 도구뿐이었지. 하지만 그들에게는 세 가지 장점이 있었어. 협력, 기습, 그리고 불을 뜻대로 조종하는 능력이었지.

무서워하는 법을 배우다

사피엔스의 첫 번째 장점은 이야기를 지어내 많은 사람을 뭉치게 할 수 있다는 거였어. 사피엔스가 오스트레일리아에 오기 전에 주머니사자 같은 포식자는 보통 혼자서, 또는 작은 무리를 지어 사냥했어. 하지만 사피엔스는 사냥을 나갈 때 많은 사람들을 불러 모을 수 있었지. 거대한 디프로토돈은 주머니사자 한 마리는 거뜬히 물리쳤지만, 20명의 교활한 사피엔스를 당해 낼 수 없었어. 더 중요한 사실 하나, 사피엔스는 주머니사자가 흉내 낼 수 없는 방법으로 정보를 주고받았어. 한 무리가 디프로토돈을 사냥하는 새로운 방법을 생각해 내면, 나머지 무리에게 가르쳐 주었지. 또 누군가 게니오르니스 새가 큼지막한 알을 낳는 곳을 알아내면, 곧 이웃 사람도 알게 됐지.

사피엔스는 아프리카와 아시아에서 살 때 이미 무리 지어 사냥하는 방법과 정보를 나누는 방법을 익혔어. 오스트레일리아에 왔을 때 그들에게 또 다른 장점이 생겼지. 바로 아무것도 모르는 동물들을 기습하는 거였어. 사피엔스는 200만 년 동안 아프리카와 아시아에서 살면서 사냥 방법을 서서히 발전시켰지. 처음에 아프리카와 아시아의 동물들은 인간을 봐도 별로 신경쓰지 않았지만, **시간이 흐르면서 인간을 무서워해야 한다는 사실을 깨달았어.** 사피엔스가 협력이라는 특별한 능력을 개발했을 무렵, 아프리카와 아시아의 동물들은 이미 인간에게 가까이에 가면 안 된다는 사실을 알고 있었어. 손에 막대기를 든 두 다리로 걷는 유인원을 보면 큰코다치기 전에 도망치고 봐야 했지. 그것도 부리나케. 하지만 오스트레일리아의 동물들은 인간에게 적응할 시간이 없었어.

인간은 특별히 위험해 보이지 않아. 호랑이처럼 근육질 몸도 아니고, 악어처럼 길고 날카로운 이빨도 없고, 코뿔소처럼 거대한 뿔도 가지지 않았어. 게다가 치타처럼 빠르게 달리지도 못했어. 그래서 두 발로 걷는 유인원을 처음 보았을 때, 디프로토돈은 그들을 흘깃 쳐다보고 어깨를 으쓱하고는 씹던 잎을 계속 씹었지. 새로 등장한 이 이상한 동물은 별로 위험해 보이지 않았거든. 디프로토돈은, '저런 녀석이 어떻게 나를 해칠 수 있겠어?' 하고 생각했을 거야.

하지만 인간은 이미 지구에서 가장 무서운 동물이었지. 사자보다도, 몸길이가 5미터나 되는 뱀보다도 훨씬 위험했어. 물론 한 명의 인간은 한 마리의 사자나 뱀보다 위험하지 않지. 하지만 백 명의 사피엔스가 힘을 합치면 사자와 뱀이 할 수 없는 일들을 할 수 있어. 오스트레일리아에서 디프로토돈 같은 거대 동물을 사냥하는 것은 아프리카와 아시아에서 코끼리나 코뿔소를 사냥하는 것보다 훨씬 쉬웠지. 왜냐하면 사람들이 다가가도 **오스트레일리아 동물들은 도망치지 않았기 때문이지.** 오스트레일리아에서는 디프로토돈이 모두 사라졌지만, 아프리카에서 코끼리와 코뿔소 일부가 살아남은 이유는 그 때문이야. 불쌍한 디프로토돈은 인간을 무서워해야 한다는 걸 배우기도 전에 멸종했지.

이상하게 들릴지도 모르지만, 무서워하는 법을 배우는 데는 시간이 걸려. 우리는 무서움이 저절로 생긴다고 생각하잖아. 안 그래? 하지만 네가 무섭다고 생각하는 것들을 떠올려 봐.

털이 난 큰 거미와 자동차 중에 뭐가 더 무서워? 털투성이 큰 거미를 보면 넌 아마 뒤돌아 도망칠 거야.

"악, 거미다!" 하고 소리까지 지를지도 몰라. 하지만 자동차를 보면 도망치지 않아. 왜 그럴까? 자동차는 해마다 백만 명이 넘는 사람들의 목숨을 앗아가지만 **거미가 사람을 죽이는 일은 거의 없는데도 말이야.**

거미는 석기 시대에 이미 있었던 반면, 자동차는 겨우 1세기 전에 발명되었지. 그래서 인간은 거미가 무섭다는 걸 배울 시간은 있었지만, 자동차가 무섭다는 걸 배울 시간은 없었지. 불쌍한 디프로토돈도 마찬가지였어. 그들도 털투성이 큰 거미를 무서워했을지도 몰라. 하지만 그들 주위에서 가장 위험한 동물인 인간은 두려워하지 않았지.

이렇게 인간은 협력할 수 있었고, 동물들이 마음 놓고 있을 때 기습할 수 있었어. 그리고 세 번째 큰 장점은 불을 뜻대로 조종할 수 있었다는 거야. 사피엔스가 오스트레일리아에 도착했을 때 그들은 이미 원할 때면 어디에서건 불을 피울 수 있었어. 신기한 동물들이 가득한 울창한 숲에 다다랐을 때, 사피엔스는 화가 난 디프로토돈한테 짓밟힐 위험을 무릅써 가며 한 마리씩 사냥할 필요가 없었어. 대신 그들은 불을 질러 숲 전체를 태울 수 있었지.

사람들은 겁에 질려서 덫으로 뛰어드는 동물들을 숲 밖에서 기다리기만 하면 됐지. 아니면 숲과 동물들이 다 탈 때까지 기다리거나. 불이 꺼지면 불에 구워진 디프로토돈과 캥거루를 실컷 먹을 수 있을 테니까.

사피엔스는 이런 방법으로 오스트레일리아의 거대 동물을 모조리 죽였어. **한 마리도 살아남지 못했지.** 인간은 오스트레일리아를 완전히 바꿔 놓았고, 인간이 그런 일을 한 건 이때가 처음이었어. 역사상 처음으로 인간이 세계의 한 부분을 완전히 바꾼 순간이었지.

아메리카 대륙 발견

나쁜 습관을 고치기란 무척 어려운 법이야. 습관은 어딜 가나 끈질기게 따라다니지. 안타깝게도 우리 조상도 예외가 아니었어. 오스트레일리아에서 수많은 동물을 멸종시킨 일은 그들이 일으킨 첫 번째 대형 사건이었어. 두 번째 대형 사건은 아메리카에서 동물들을 멸종시킨 거였지.

아메리카로 가는 길은 오스트레일리아보다 훨씬 힘들었어. 아프리카와 유럽에서 아메리카에 가려면 드넓은 대서양을 건너야 하고, 아시아에서 가려면 훨씬 더 넓은 태평양을 건너야 하니까. 그나마 아시아 북쪽 끝 시베리아에서 아메리카 북쪽 끝 알래스카로 가는 길이 가장 가까워. 사실 1만 년 전만 해도 해수면이 매우 낮아서 시베리아에서 알래스카까지 걸어서 갈 수 있었지.

하지만 북극 지역은 엄청나게 추웠어. 시베리아 북부의 기온은 겨울에 영하 50도까지 내려갔고, 해가 뜨지 않는 날도 많았지. 눈과 얼음에 익숙했던 체력 좋은 네안데르탈인과 데니소바인조차도 시베리아 북부에서 살아남지 못했고, 그래서 그들은 아메리카에 이를 수 없었어.

그때 우리 조상인 사피엔스가 나타난 거야. 그들은 해가 쨍쨍 내리쬐는 아프리카에서 왔기 때문에 아직 몸이 북극의 기온에 적응되지 않았지. 하지만 그들은 시베리아를 향해 북쪽으로 옮겨 가는 동안 살아남는 데 도움이 되는 온갖 것들을 발명했어. 예를 들어 네안데르탈인은 동물 털로 몸을 감쌌지만, 사피엔스는 바늘을 발명했어. 그 바늘로 여러 겹의 털과 가죽을 꿰매어 따뜻하고 물이 새지 않는 옷을 만들었지. 우리는 보통 바늘에 대해 곰곰이 생각해 보지 않지만, 바늘은 **역사상 가장 중요한 발명 가운데 하나야.** 고대 사피엔스가 바늘을 발명하지 않았다면 아메리카에 다다를 수 없었을 거야.

얼음 왕국을 지나 남쪽으로

또한 사피엔스는 매머드를 비롯해 북쪽 땅 끝에 사는 큰 동물들을 사냥하기 위해 대규모 사람들이 힘을 합쳤어. 매머드 한 마리를 잡으면 큰 가게를 통째로 사들이는 셈이었지. 몇 톤의 고기와 기름을 얻을 수 있었으니까. 어떤 매머드는 몸무게가 12톤이나 나갔어! 이 많은 고기를 한 번에 다 먹을 수는 없었어. 그들은 고기를 연기에 익히거나 얼음 속에 넣고 얼리면 오래 보관할 수 있다는 사실을 알아냈지. 또 매머드 털과 가죽으로 따뜻한 외투와 신발을 만들었어. 큰 뼈는 천막을 세우는 데 썼고, 작은 뼈는 도구를 만드는 데 썼지. 매머드 상아로는 장신구와 예술 작품을 만들었어. 사자 인간 조각상이나 숭기르 무덤에서 나온 팔찌와 구슬을 떠올려 봐.

겨울이 다가오면 사피엔스 부족은 함께 모여 매머드 사냥을 나갔을 거야. 한 마리를 잡으면, 부족에 속한 여러 무리가 고기, 가죽, 상아를 나눠 가졌지. 각각의 무리는 매머드 말고 다른 식량도 채집하고, 땔감도 최대한 많이 모았을 거야. 그리고 겨울이 시작되면 추위를 피하기 위해 **동굴로 들어갔어**. 태양이 자취를 감추고 눈보라가 휘몰아칠 때, 그들은 동굴 안에서 불 가까이 둘러앉아 몸을 녹였지.

지루한 시간을 때우기 위해 그들은 매머드에 대한 이야기, 유령 이야기, 또는 반은 인간이고 반은 사자인 이상한 생물에 관해 이야기했을 거야. 아마 농담을 하고 노래도 불렀겠지. 그들은 매머드 털을 바늘로 꿰매 외투를 짓고, 매머드 가죽으로 신발을 만들고, 매머드 상아로 구슬과 보석을 만들기도 했어. 배가 고프면, 냉장고 대신 동굴의 가장 추운 곳에 보관해 둔 매머드 고

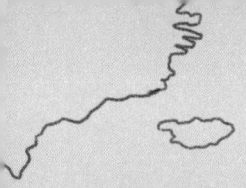

기 한 조각을 꺼내 불에 구웠지. 전기로 작동하는 진짜 냉장고는 없었지만, 기온이 영하 50도까지 떨어지는 곳에서는 모든 **동굴이 천연 냉장고였지!**

숭기르에서 발견된 구슬 장식 모자와 허리띠를 보면, 이 매머드 사냥꾼들은 겨우겨우 먹고산 게 아니라 제법 잘살았던 게 틀림없어. 그래서 인구가 계속 늘어났지. 그들은 멀리 북쪽 끝까지 퍼져 나가며 매머드와 털코뿔소와 순록을 사냥하고, 바닷가에서 낚시도 했어. 더 이상 사냥할 매머드와 물고기가 없으면 다른 곳으로 떠났지. 그렇게 떠돌아다니다가 어느 날 시베리아에서 알래스카로 건너가 아메리카를 발견한 거야. 물론 그들은 자기들이 아메리카를 발견했다고는 생각하지 않았지. 매머드, 물고기, 그리고 사람들도 모두 알래스카가 그저 시베리아와 이어진 땅이라고 생각했을 거야.

그들은 알래스카에서 남쪽으로 계속 이동하며 아메리카 대륙 전체로 퍼졌어. 그 대륙의 북쪽 끝에서 살 때만 해도 그들은 예전처럼 큰 동물을 사냥하고 물고기를 낚시하며 살았지. 하지만 **사피엔스는 살아가는 방식을 금방 바꿀 수 있고**, 아메리카에서도 그렇게 했어. 새로운 땅에 도착할 때마다 그들은 곧바로 그 지역의 식물과 동물에 대해 알 수 있는 모든 정보를 알아내고, 새로운 기술을 생각해 내고, 새로운 도구를 개발하고, 새로운 환경에 적응했지.

시베리아에서 매머드를 사냥하던 사람들의 손자들은 아마 미시시피강 삼각주의 습지까지 이르렀을 거야. 그들은 더 이상 매머드 털로 만든 긴 외투를 입지 않고 거의 발가벗고 다녔지. 이제 얼어붙은 툰드라에서 매머드 무리를 추적하지 않고, 대신 강에서 물고기를 잡기 위해 그물을 만들었어. 또 매머드 스테이크의 맛은 어느새 잊고 게살을 좋아하기 시작했지. 그들은 어쩌면 사자 인간의 영혼도 믿지 않고, 이제는 늪에 사는 악어 인간의 영혼에 관해 이야기했을지도 몰라.

한편 그들의 사촌들은 멕시코 소노란사막에서 살아가는 법을 배웠어. 그

곳은 코요테가 많았지만, 악어는 없었지. 다른 친척들은 중앙아메리카 정글에 적응했어. 또 다른 친척들은 아마존강 주변이나 안데스산맥, 또는 아르헨티나의 탁 트인 초원에 보금자리를 마련했지. 몇몇은 남아메리카 남쪽 끝인 티에라델푸에고섬까지 갔어. 그들이 이렇게 다양한 장소에 자리 잡기까지는 겨우 몇천 년밖에 걸리지 않았지. 아메리카를 가로지른 이 여행은 **우리 조상이 얼마나 놀라운 능력을 갖추었는지** 보여 주는 증거야. 어떤 동물도 이렇게 다양한 장소에 이처럼 빠르게 적응하지 못했지.

그리고 아메리카 땅에서도 그들은 가는 곳마다 거대한 동물들을 사냥했어. 게다가 아메리카에 도착했을 무렵에는 그들의 사냥 솜씨가 오스트레일리아에 갔을 때보다 훨씬 늘어 있었지. 그들이 개발한 한 가지 방법은 포위였어. 여러 무리가 저마다 다른 방향에서 다가가 동물을 완전히 둘러싸는 거지. 이렇게 하면 그 동물이 사피엔스보다 빨라도 도망칠 수 없어.

두 번째 방법은 한 방향에서만 사냥감에 접근해서, 벼랑이나 건널 수 없는 깊은 강으로 몰아가는 거였어. 세 번째 방법은 사냥감을 좁은 계곡이나 여울목으로 모는 거였지. **동물들은 탈출하는 길을 찾은 줄 알고** 이 좁은 통로로 몰려들었지. 하지만 그곳에는 또 다른 사피엔스 무리가 숨어서 동물들을 기다리고 있어. 동물들이 빽빽이 들어차면 사냥꾼들은 화살을 쏘거나 창을 던지거나 돌을 굴리지.

만일 사냥감이 벼랑도 강도 계곡도 없는 탁 트인 벌판에서 산다면, 사피엔스는 힘을 합쳐 덫을 놓았을 거야. 나무나 돌로 장벽을 세우거나, 깊은 구덩이를 판 다음 나뭇가지와 잎으로 그 위를 덮었지. 그런 다음 사냥감을 뒤따라 가며 시끄러운 소리를 내고 팔을 흔들면서 사냥감을 장벽과 구덩이로 내몰았어. 이런 장벽을 세우고 구덩이를 파려면 여러 무리가 함께 일해도 몇 주씩 걸렸겠지. 하지만 성공하면 하루아침에 그 동물 무리 전체를 사냥할 수 있었어. 멕시코의 툴테펙이라는 곳에서 고고학자들은 실제로 열네 마리의 매머드 뼈가 묻혀 있는 커다란 구덩이 두 개를 발견했어. 인간들이 이런 구덩이를 파 놓고 매머드를 그쪽으로 내몰았을지도 모르지.

인간이 처음 아메리카에 왔을 때 아메리카 땅에는 매머드뿐만 아니라 코끼리처럼 생긴 거대한 마스토돈도 있었어. 또 농구선수만큼 큰 비버, 말과 낙타, 검치호랑이, 그리고 오늘날 아프리카 사자보다 훨씬 큰 사자들도 살고 있었지. 오늘날의 어떤 동물과도 닮지 않은 동물들도 많았어. 예를 들어 거대한 메가테리움은 몸무게가 4톤에 키는 6미터에 이르렀지. 코끼리 키의 거의 두 배야! 하지만 인간이 아메리카에 도착하고 얼마 지나지 않아 이런 거대 동물들은 대부분 멸종했어.

마스토돈 / 매머드

곤경에 빠지다

왜 하필 거대 동물들이 멸종했을까? 왜 매머드, 메가테리움, 거대한 비버는 사라지고 작은 비버와 토끼는 살아남았을까? 몇 가지 이유가 있어.

첫째, 사피엔스는 집단 사냥을 할 때 작은 동물보다는 큰 동물을 노렸어. 겨우 토끼 몇 마리 잡겠다고 사냥꾼 수십 명을 불러 모으지는 않겠지! 토끼 10마리를 사람 50명이 나누면 아무도 배불리 먹지 못해. 하지만 매머드는 한 마리만 잡아도 모두가 실컷 먹을 수 있어. 그러니 고생할 가치가 있지.

둘째, 토끼의 무기는 잘 숨는 거야. 땅굴로 뛰어들거나 덤불 아래 조용히 앉아 있으면 어디로 갔는지 보이지 않지. 그에 비해 **매머드는 몸을 숨기기가 훨씬 어려워**. 물론 거대 동물은 포식자의 눈을 피하려고 숨기보다는 큰 몸집으로 승부를 보지. 매머드는 늑대나 독수리가 나타나도 숨을 필요가 없어. 몸집이 거대한 매머드를 누가 감히 공격하겠어? 하지만 사피엔스 무리만큼은 몸집으로 당해 낼 수 없었지. 정반대로, 거대 동물은 인간 사냥꾼들한테 아주 쏠쏠한 먹잇감이었어. 그래서 거대 동물이 곤경에 빠진 거야.

세 번째, 덩치가 큰 동물이 사라진 이유는 상대적으로 수가 적고 천천히 늘어났기 때문이야. 한 지역에 매머드가 1000마리라고 가정해 봐. 그리고 해마다 열두 마리의 새끼가 태어나고, 열 마리의 매머드가 늙거나 다치거나 병에 걸려 죽었다고 치자. 그러면 이 지역의 매머드 수는 해마다 두 마리씩 늘어날 거야. 그때 사피엔스가 이곳에 와서 매머드를 사냥하기 시작하면 어떻게 될까? 한 해에 세 마리만 죽여도 균형이 무너져. 이제는 매머드 수가 해마다 한 마리씩 줄어들 거야. **그러면 계산해 보자.** 처음에는 1000마리였던 매머드가 해마다 한 마리씩 줄면, 매머드가 멸종하기까지 얼마나 걸릴까? 그리고 마지막으로 남은 매머드가 혼자서 얼마나 슬펐을지 생각해 봐.

멈출 수 없는 우리

토끼는 사정이 아주 달랐어. 비슷한 땅 넓이에 토끼는 10만 마리쯤 살았을 거야. 그리고 토끼는 아주 빠르게 늘어나. 해마다 수천 마리 토끼가 태어났지. 그래서 인간이 토끼를 아무리 많이 잡아도 토끼 수는 거의 줄지 않았어. 그래서 결국 인간도 많고 토끼도 많지만, 매머드는 사라진 땅이 되었지.

그런데 **우리 조상들은 왜 그렇게 잔인했을까?** 왜 그들은 매머드를 모조리 없애 버렸을까? 그들이 일부러 그런 건 아니었어. 그들은 단지 배가 고팠을 뿐이고, 자식들이 굶고 있으니 먹을거리가 필요해서 해마다 매머드를 몇 마리 잡았을 뿐이야. 그들은 이렇게 계속하면 먼 미래에 어떻게 되는지는 알지 못했어. 우리는 종종 자신이 무슨 일을 하는지 모른 채 아주 중요한 일을 벌이곤 하지.

　매머드 사냥꾼들도 일 년에 매머드를 세 마리쯤 잡는다고 매머드가 멸종할 줄은 꿈에도 몰랐어. 사람은 기껏해야 70~80년을 살지만, 매머드가 멸종하기까지는 수백 년이 걸렸어. 그러니 무슨 일이 일어나고 있는지 아무도 알아채지 못했지. 기껏해야 옛날을 그리워하는 할아버지가 이렇게 투덜거렸을 뿐이었지. "요즘 애들은 옛날이 어땠는지 몰라. 나 때는 주변에 매머드가 정말 많았지! 이제는 거의 사라졌지만." 할아버지가 이렇게 말해도 아무도 믿지 않았을 거야. **너는 부모님과 조부모님이 스마트폰과 인터넷이 없던 시절에 대해 하는 말을 믿어?**

　매머드의 멸종은 생명에 관한 중요한 법칙을 보여 주는 또 다른 사례야. 아무도 알아채지 못하는 작은 변화들이 시간이 흐르면서 쌓이고 쌓여 큰 변화가 된다는 법칙 말이야! 특정한 순간에는 눈에 보이지 않는 아주 작은 변화만 일어나기 때문에 우리는 변한 게 없다고 생각해. 하루 종일, 또는 일주일 내내 열심히 지켜보아도 우리는 여전히 변화를 눈치채지 못해. 하지만 시간이 흐르면 이런 **작은 변화들이 쌓여 매우 큰 변화가 돼**. 네가 자라는 변화도, 작은 육상 동물이 거대한 고래가 된 진화도, 한 해에 매머드 몇 마리를 사냥했을 뿐인데 매머드가 멸종한 사건도 다 그렇게 일어난 거야.

　사실 매머드도 자신들이 사라지고 있다는 사실을 알아채지 못했을 거야. 따지고 보면 매머드도 인간처럼 겨우 몇십 년을 살 뿐이니까. 어떤 매머드도 1000년을 살지 못해. 매머드들은 친한 친구가 죽었다는 건 알아도, 머지않아 세상의 모든 매머드가 사라진다는 사실은 알 수 없었을 거야.

멸종으로 가는 급행열차

우리 조상은 오스트레일리아와 아메리카뿐만 아니라 세계 곳곳에서 많은 동물 종류를 멸종시켰어. 방금 아메리카에서 매머드가 사라진 과정을 살펴봤지만, 매머드는 유럽과 아시아에서도 멸종했지. 그 대륙에서 매머드는 수백만 년을 살았어. 하지만 1만 년 전 무렵에는 아주 추운 북쪽 땅의 작은 섬 몇 곳을 빼고는 어디에서도 매머드를 볼 수 없게 되었어.

그런 작은 섬들 가운데 하나인 랭글섬은 시베리아 해안에서 북쪽으로 150킬로미터쯤 떨어진 북극해에 있어. 그 섬은 유난히 추운 곳이었지. 시베리아에 도착한 사피엔스도 한동안 랭글섬에는 가지 못했어. 그래서 매머드는 아메리카, 유럽, 아시아에서 사라진 뒤에도 수천 년 동안 랭글섬에서 평화롭게 살

 았어. 하지만 4000년 전쯤 사피엔스가 마침내 랭글섬에 도착했지. 그리고 머지않아 세계 어디에서도 매머드를 볼 수 없게 되었어.

 매머드의 멸종은 수많은 다른 동물과 식물에 영향을 미쳤지. 여기서 생명에 관한 또 하나의 중요한 법칙이 등장해. 동물과 식물은 서로 기대며 살아가기 때문에, 만일 한 종류의 생물에게 무슨 일이 일어나면 다른 종류의 생물들도 영향을 받는다는 거야.

 이 법칙은 너에게도 적용돼. 너도 네가 사는 동네의 많은 동물과 식물에 영향을 주고 있지. 버스 정류장 가는 길에 잡초를 짓밟기도 하고, 개미와 참새가 좋아하는 과자 부스러기를 흘리기도 하고, 네 방 천장에서 거미줄을 걷어 내기도 할 거야. 그래서 네가 다른 동네로 이사 가면, 잡초와 거미는 좋아

하겠지만 개미와 참새는 반갑지 않을 거야.

  이와 똑같은 일이 모든 동물한테 훨씬 큰 규모로 일어나고 있어. 예를 들어 벌을 떠올려 봐. 벌은 이 꽃에서 저 꽃으로 날아다니며 꽃가루를 옮겨서 식물이 열매를 맺는 데 도움을 주지. 그런데 어떤 재난이 일어나 벌이 모두 죽으면, 꽃은 꽃가루를 퍼뜨릴 수 없어서 열매를 맺지 못해. 열매가 없으면 새로운 식물이 자랄 수 없어. 그리고 식물이 없으면 토끼처럼 식물을 먹는 동물도 모두 죽을 거야. 토끼가 사라지면 토끼를 잡아먹는 여우 같은 동물도 모두 죽겠지. 이런 식으로 **한 동물의 멸종은 다른 많은 동물에 영향을 끼쳐**. 우리가 벌을 모두 죽이면 여우도 죽을 거야.

  매머드도 다른 동물과 식물한테 매우 중요한 존재였어. 매머드가 멸종하기 전 북극은 지금보다 더 추웠지만, 그럼에도 지금보다 훨씬 많은 동물과 식

물이 살고 있었어. 왜일까? 매머드 덕분이었지. 겨울이 와서 온 땅이 눈과 얼음에 뒤덮이면, 매머드가 눈을 치우는 제설기 역할을 했어. 매머드가 엄청난 힘과 거대한 엄니로 눈을 헤치며 지나가면 눈 밑에 깔려 있던 풀이 모습을 드러냈지. 매머드도 그 풀의 일부를 먹었지만, 그러고도 충분히 남아서 북극토끼처럼 작은 동물들이 먹을 수 있었지. 또 그 북극토끼는 북극여우의 맛있는 먹이가 되었어. 봄이 되면 동물들이 얼어붙은 풀을 거의 다 뜯어먹어서 맨땅만 남았어. 그건 아주 좋은 일이었지. 햇살이 땅을 녹이기 시작하면 새로운 식물들이 곧장 자랄 수 있고, 이 식물들은 동물들의 먹이가 되어 줄 테니까.

그런데 매머드가 멸종하자 겨울에 눈을 헤치고 풀을 찾아낼 수 있을 만큼 힘센 동물이 없었어. 그래서 **다른 동물들도 먹을 게 없어졌지**. 게다가 얼어

붙은 풀을 뜯어 먹는 동물이 없으니 봄이 와도 새로운 식물이 자라기 어려웠어. 지난겨울에 죽은 풀 밑에 깔려 돋아날 수 없었지. 그러자 동물들이 먹을 수 있는 건 더욱 줄었어. 그래서 매머드가 멸종하자 북극토끼와 북극여우도 살기 힘들어졌지.

사피엔스는 이런 사실을 전혀 몰랐어. 사피엔스의 문제는 특별히 나쁜 마음을 먹는 게 아니라 **무슨 일이건 지나치게 잘하는 거였지**. 매머드를 사냥할 때, 그들은 사냥을 너무 잘해서 매머드가 한 마리도 살아남지 못했어. 그래서 다음으로 말코손바닥사슴을 사냥하기 시작했지. 사피엔스는 이번에도 너무 잘해서 머지않아 말코손바닥사슴도 사라졌어.

고고학자들이 땅을 파 보니 **세계 어디서나 똑같은 일이 일어나고 있었어**. 아주 깊은 곳에서는 다양한 종류의 동물들이 나오지만, 사피엔스의 흔적은 없어. 좀 더 올라가면 사피엔스의 흔적이 보이기 시작해. 인간의 뼈, 이빨, 또는 창 촉 같은 것들. 거기서 더 올라가면 인간의 뼈는 많지만, 한때 그곳에 살던 동물들은 흔적조차 없지. 정리하면 이렇게 돼. 1단계는 동물은 많고 사피엔스는 없어. 2단계는 사피엔스가 나타나. 그리고 3단계는 사피엔스는 많고 동물은 보이지 않지.

이런 일이 오스트레일리아에서 일어났어. 아메리카와 아시아와 유럽에서도 일어났어. 인간이 발을 들여놓은 거의 모든 섬에서 이런 일이 일어났지. 마다가스카르섬도 마찬가지였어.

마다가스카르섬은 수백만 년 동안 다른 세계와 분리된 상태였고, 그래서 특이한 동물이 많이 진화했어. 그 가운데 하나가 고릴라보다 훨씬 큰 여우원숭이야. 또 거대한 타조처럼 생긴 코끼리새도 있었지. 코끼리새는 날지 못했어. 키가 3미터이고 몸무게가 거의 0.5톤이나 되었으니까. 코끼리새는 세계에서 가장 큰 새였어. 뒷마당에서 마주치고 싶은 종류의 새는 아니었지. 이런 코끼리새와 여우원숭이는 마다가스카르의 다른 거대한 동물들과 함께 1500년 전쯤 갑자기 사라졌어. 정확히 인간이 처음 이 섬에 발을 들여놓았던 때였지.

비슷한 재앙이 태평양과 지중해에 흩어져 있는 수천 개의 섬에서 일어났어. 고고학자들은 아주 작은 섬에서도, 그곳에서 수천 년 동안 살았지만 인간이 나타난 뒤 갑자기 사라진 새, 곤충, 달팽이의 흔적을 발견했지.

사피엔스의 손을 타지 않았던 곳은 육지에서 아주 멀리 떨어진 몇몇 섬뿐이었어. 이런 섬에는 지금도 흥미로운 동물들이 살고 있어. 가장 유명한 예가 커다란 거북이 사는 갈라파고스제도야. 오스트레일리아의 디프로토돈처럼 이 거북들도 인간을 무서워하지 않아.

우리가 그동안 멸종으로 내몬 동물이 얼마나 많은지 깨닫는다면 아직 살아 있는 동물들을 보호하기 위해 더 열심히 노력할 거야. 우리가 관심을 두지 않으면, 우리 조상이 매머드와 디프로토돈을 멸종시킨 것처럼 우리도 사자, 코끼리, 고래, 돌고래를 멸종시키고 말 거야. 그러면 이 세계에 큰 동물은 인간밖에 남지 않겠지. 반려동물과 가축은 있지만 커다란 야생 동물은 볼 수 없을 거야.

네 슈퍼 파워를 보여 줘!

우리 조상들이 매머드와 디프로토돈을 멸종으로 몰아갈 때 그들은 자신들이 무슨 짓을 하는지 몰랐어. 하지만 오늘날 우리에게는 그런 변명이 통하지 않아. 우리는 잘 알잖아. 우리가 사자, 코끼리, 돌고래, 고래에게 무슨 짓을 하고 있는지 말이야. 그러니까 그 동물들의 운명은 우리 손에 달려 있어. 아직 어려도 네가 할 수 있는 일이 많이 있어. 어린아이라도 **너는 이미 어떤 사자나 고래보다 훨씬 강하다는 사실을 잊지 마!** 고래가 너보다 몸집은 훨씬 크지만, 네게는 이야기하고 협력할 수 있는 슈퍼 파워가 있으니까.

대왕고래는 지금까지 지구상에 존재한 동물 가운데 가장 커. 가장 큰 공룡보다 크고 무겁지. 몸길이는 30미터에 이르고, 몸무게는 150톤이 넘어. 어린이 5000명을 합친 만큼 무거워. 그런데도 고래는 인간으로부터 자신을 지킬 수 없어. 왜냐하면 인간은 매우 이상한 이야기를 지어내고 아주 교묘한 방법으로 협력하는 법을 배웠지만 고래는 그것을 이해하지 못하기 때문이지.

1000년 전에는 어부 몇 명이 엉성한 나무배를 타고 바다로 나가 나무창으

로 고래를 잡았어. 고래들은 배를 보면 피하거나, 부수고 가라앉힐 수 있었지. 하지만 현대에 와서 인간은 새로운 방식으로 협력하는 법을 알아냈어. 회사를 만들기 시작한 거야.

앞에서 말했던 회사 이야기 기억나? 맥도널드 말이야. 맥도널드는 햄버거와 감자튀김을 전문으로 만들지만, 고래잡이를 전문으로 하는 회사들도 있어. 이런 회사들은 거대한 강철 배를 사서, 바다를 샅샅이 살피기 위한 음파 탐지기와 먼 거리까지 날아가는 강력한 대포를 실었어. 이제 **고래들은 배가 나타나도 숨거나, 피하거나, 배를 가라앉힐 수 없었어**. 배 한 척이 침몰해서 그 배의 선원들이 물에 빠져 죽어도, 고래잡이 회사는 새로운 배를 사서 새로운 선원을 고용하면 그만이었지. 고래는 회사를 가라앉힐 수는 없어. 회사라는 게 있는지도 모르니까. 볼 수도, 들을 수도, 냄새를 맡을 수도 없고, 오직 다른 동물의 상상 속에서만 존재하는 것으로부터 어떻게 자신을 지킬 수 있겠어?

그래서 고래잡이 회사는 점점 더 많은 고래를 사냥했고, 점점 더 많은 돈을 벌었지. 50년 전에는 대왕고래가 매머드처럼 거의 자취를 감추었어. 다행히 몇몇 사람들이 고래에게 무슨 일이 일어나고 있는지 알아채고 고래를 구하기로 했지.

그들은 인간이라서 돈이 무엇인지, 회사가 어떻게 일하는지 알았고, 그래서 무엇을 해야 하는지 깨달았어. 그들은 신문사에 편지를 보내고, 탄원서에 서명을 받아 정치인에게 전달하고, 시위를 열었지. 그들은 사람들에게 고래잡이 회사의 제품을 사지 말라고 부탁했고, 정부에 고래잡이를 금지해 달라고 요청했어. **이 일을 한 사람들 가운데는 아이들도 많았어.**

열한 살짜리 미국 소년 케네스 곰리도 그중 한 명이었지. 1968년 어느 날 곰리는 고기잡이배 여러 척이 한 무리의 고래를 둘러싼 장면을 보았어. 고기잡이배는 고래를 잡기 위해 강철 그물, 잠수부, 심

지어는 수상비행기까지 동원했지. 고래 무리에는 엄마 고래와 새끼 고래도 있었어. 엄마 고래는 간신히 그 물에 구멍을 내고 도망쳤지만, 강철 그물에 찔려 피를 흘렸지. 새끼 고래는 엄마를 따라 나오지 못하고 그물 안에 갇혀 버렸어. **곰리는 엄마 고래와 새끼 고래가 서로를 부르는 소리를 들었고,** 어부들이 그물 안에 갇힌 새끼 고래를 갑판으로 끌어올리는 모습을 지켜보았어. 새끼 고래는 엄마를 부르며 울부짖었고, 엄마 고래는 배를 따라갔지만 새끼를 구하지 못했지.

곰리는 이 장면을 보고 화가 났어. 그래서 자신이 듣고 본 모든 것을 적어 지역 신문사에 보냈어. 신문사는 곰리의 이야기를 신문에 실었고, 이 기사는 뒤이어 열린 시위에서 많은 사람들에게 알려졌어. 곰리가 쓴 이야기를 들은 많은 어른들은 고래가 얼마나 끔찍한 고통을 당하는지 알게 됐어.

시간이 흐르면서 더 많은 기사가 쏟아지고, 편지와 시위가 이어진 끝에 **마침내 압력이 효력을 발휘했어.** 전 세계 정부에서 고래잡이를 금지하는 법을 통과시키고 국제 협정에 서명했지. 이렇게 해서 대왕고래는 적어도 잠시 동안은 멸종 위기를 벗어났어. 하지만 대왕고래는 지금도 멸종 위기에 빠져 있고, 다른 많은 동물도 마찬가지야. 동물들은 스스로를 지킬 수 없어. 그들은 신문에 기사를 쓰거나, 사람들에게 편지를 보내거나, 정부를 압박할 수 없으니까. 하지만 너는 할 수 있지. 회사가 어떻게 일하는지, SNS에 어떻게 이야기를 올리는지, 시위를 어떻게 여는지 알면 고래와 그 밖의 동물들을 구할 수 있어. 고래의 눈에 **너는 엄청나게 멋진 일을 할 수 있는 슈퍼 영웅처럼 보일 거야.**

세상에서 가장 위험한 동물

이렇게 해서 우리 인간은 지구의 지배자가 되어 다른 모든 동물의 운명을 쥐락펴락하게 되었어. 우리는 최초의 도시를 건설하기도 전에, 바퀴를 발명하기도 전에, 글을 사용하기도 전에 이미 세계로 퍼져 나가 거대한 육상 동물을 절반 가까이 멸종시켰지. 인간은 지구 역사상 최초로 거의 모든 대륙과 섬에 발을 내디뎠고, 스스로의 힘으로 세상을 완전히 바꿀 수 있었던 동물이야.

우리 조상이 이 모든 것을 해낸 건 특별한 능력 덕분이었지. 바로 이야기를 지어내고 많은 사람들이 협력하는 능력 말이야. 이 능력이 우리 인류를 네안데르탈인보다, 사자와 코끼리보다 훨씬 강하게 만들었지. 이 능력은 사피엔스를 세계에서 가장 위험한 동물로 만들었어.

이제 너는 우리 조상들이 어떻게 살았는지 알아. 왜 네가 가끔 한밤중에 잠을 깨면 침대 밑에 괴물이 있는 줄 알고 놀라는지, 왜 모닥불 주위에 둘러앉아 어른거리는 불빛을 지켜보면 기분이 좋아지는지, 왜 몸에 좋지 않은데도 초콜릿 케이크를 먹어 치우고 싶은지도 이제는 알지.

너는 손가락뼈 하나로 사라진 인류의 존재를 알아낼 수 있다는 것도 알았어. 옛날에 어떤 섬에는 작은 인간만 살았다는 사실도, 석기 시대 도구가 대부분 돌로 만들어지지 않았고, 옛날 사람들이 대체로 동굴에서 생활하지 않았다는 사실도 알아. 청소년과 어린 소녀들도 이따금 중요한 과학적 발견을 한다는 것도 알았을 거야. 그리고 네가 아주 훌륭한 이야기를 생각해 내고 많은 사람들이 그것을 믿는다면 **세계를 정복할 수 있다는 사실도 알았지.**

하지만 너는 우리가 아직 모르는 게 많다는 것도 알게 되었지. 우리는 네안데르탈인이 그 큰 뇌로 무엇을 했는지, 사피엔스와 네안데르탈인이 때때로 사랑에 빠졌는지, 석기 시대 가족이 어떤 모습이었는지 몰라. 우리는 석기 시대 사람들이 어떤 종교를 믿었는지도 몰라.

그런데 그 밖에도 궁금한 점이 있어. 이 책에서 우리는 우리 조상들이 어떻게 세계에서 가장 강한 동물이 되었는지, 그들이 어떻게 전 세계로 퍼져 나가며 네안데르탈인, 데니소바인, 그밖의 다른 인류를 사라지게 했는지, 또 어떻게 세계의 많은 동물 종을 멸종으로 몰아넣었는지 살펴봤어.

하지만 이 모든 일을 한 뒤에도 우리 조상들은 아직 자동차, 비행기, 우주선을 만들지 못했지. **그들은 글씨 쓰는 법도 몰랐어.** 아직 농사를 짓지도, 도시를 건설하지도 않았지. 심지어는 밀을 재배해 빵을 만들지도 못했어. 그렇다면 이 모든 것을 어떻게 배웠을까? 그건 완전히 다른 이야기야.

| 감사의 말

아이를 기르는 데는 부족 전체가 필요하다는 말이 있어. 책을 만드는 데도 마찬가지야.

책 표지에는 보통 큰 글자로 작가의 이름만 인쇄되어 있지. 그래서 너는 그걸 보며 그 사람이 혼자서 다 썼다고 생각할지도 몰라. 그 사람이 1년 내내 자신의 방에 앉아 원고를 모두 쓰면, 짠하고 새 책이 나온다고!

그런데 전혀 그렇지 않아. 수많은 사람들이 수많은 장소에서 그 책을 만들기 위해 열심히 일했어. 그들은 작가가 할 수 없는 일, 또는 할 줄도 모르는 많은 일들을 했지. 그런 분들이 없다면 책은 완성되지 못할 거야.

컴퓨터에 문장 하나를 입력하는 데는 몇 초밖에 걸리지 않아. 하지만 이 책의 문장들을 쓰기 위해서는 오랜 시간이 걸렸어. 일단 책에 나오는 사실들이 맞는지 확인해야 했어. 네안데르탈인에 대한 과학 논문을 읽는 데 한 달, 고래에 대한 논문을 읽는 데 또 한 달…….

문장이 전하려는 메시지에 대해서도 곰곰이 생각해 봐야 했어. 독자들이 역사에 대해 알았으면 하는 것을 제대로 전달하고 있나? 잘못 알아들을 가능성은 없나? 혹시 누군가에게 상처를 주는 건 아닐까? 그러고 나서 문장을 다듬어야 했지. 문장이 이해하기 쉬운가? 좀 더 쉽게 쓸 수 없을까?

삽화도 마찬가지였어. 어떤 그림은 열 번이나 다시 그리기도 했지. 이렇게도 해 보고 저렇게도 해 보고, 그렸다가 쓰레기통에 버리고, 그린 다음에도 여러 번 고치면서. 남자애로 그리는 게 좋겠어. 아니야, 여자애로 하자. 좀 더 어리게 그려야 할까? 아냐, 그건 너무 어려…….

이렇게 문장 하나를 쓰거나 그림 한 장을 그리기 위해 이메일과 전화를 수십 번 주고받고, 회의도 여러 번 해야 했지. 그리고 누군가가 이 모든 일을 정리해야 했어. 그러고 나면 계약서에 서명을 하고 급여를 지불해야 했지. 참, 먹을 것도 있어야 하고. 무슨 일이든 먹지 않으면 할 수 없잖아?

그래서 이 책을 만드는 데 도움을 준 고마운 분들에게 인사를 하고 싶어. 그 분들이 없었다면 이 책을 완성할 수 없었을 거야. 리카르드 사플라나 루이스는 멋진 그림을 그려서 인간의 역사에 생명을 불어넣었어. 조너선 벡은 이 계획이 결실을 맺을 수 있도록 열심히 뒷

바라지해 주었지. 수잰 스타크는 어린이의 관점에서 세계를 보는 방법을 가르쳐 주었어. 또한 더 알기 쉽고 더 깊은 의미를 지닌 글을 쓸 수 있게 도와주었지. 세바스티안 울리히는 한 자도 빼놓지 않고 꼼꼼하게 읽으며, 재미있고 이해하기 쉬운 이야기를 쓰면서도 과학적 정확성을 잃지 않도록 확인해 주었어.

사피엔스십 팀의 멋진 사람들도 빼 놓을 수 없지. 나아마 바르텐베르크, 제이슨 패리, 다니엘 테일러, 미카엘 주르, 니나 지비, 셰이 아벨, 첸광위, 한나 모건, 갈리에트 고셸프, 나다프 노이만, 한나 야하브, 에티에 사바그에게 고맙다고 말하고 싶어. 또한 재능이 뛰어난 편집자인 아드리아나 헌터, 본문 디자이너 한나 샤피로, 다양성 자문위원 슬라바 그린버그에게도 고마움을 전하고 싶어. 이 모두를 이끌어 준 열정적이고 재능이 넘치는 최고 경영자 나아마 아비탈과, 이 책을 만드는 데 기여한 팀원 한 명, 한 명에게 고맙다고 말하고 싶어. 그들의 직업 정신, 근면함, 창의성이 없었다면 이 책은 나오지 못했을 거야.

또한 사랑과 지지를 보내 준 어머니 프니나, 누이 에이나트와 리아트, 조카 토메르, 노가, 마탄, 로미에게도 고맙다고 말하고 싶어. 할머니 파니는 우리가 이 책을 마무리하고 있을 때 100세를 일기로 돌아가셨어. 인정과 기쁨이 흘러넘치던 할머니를 나는 영원히 잊지 못할 거야.

마지막으로 나의 파트너 이치크에게 고마움을 전하고 싶어. 그는 이 책을 만들기를 오랫동안 꿈꾸었고, 이 책을 포함한 여러 기획을 실현하기 위해 사피엔스십을 창립했으며, 20년이 넘는 세월 동안 내게 영감을 주고 사랑하는 동반자가 되어 주었어.

— 유발 하라리

지식과 우정을 나눠 준 내 분야의 호모 사피엔스 동료 여러분, 고맙습니다.

나를 믿어 준 아다 솔레르와 로사 삼페르, 창작 과정의 모든 단계에서 길잡이가 되어 준 사피엔스십 팀의 전문가들도 고맙습니다. 무엇보다 내 그림에 대한 믿음으로, 원고를 들고 지구 반 바퀴를 와 준 유발 하라리에게 고마움을 전합니다.

— 리카르드 루이스

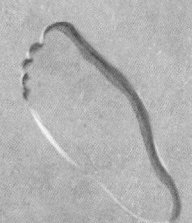
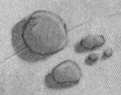

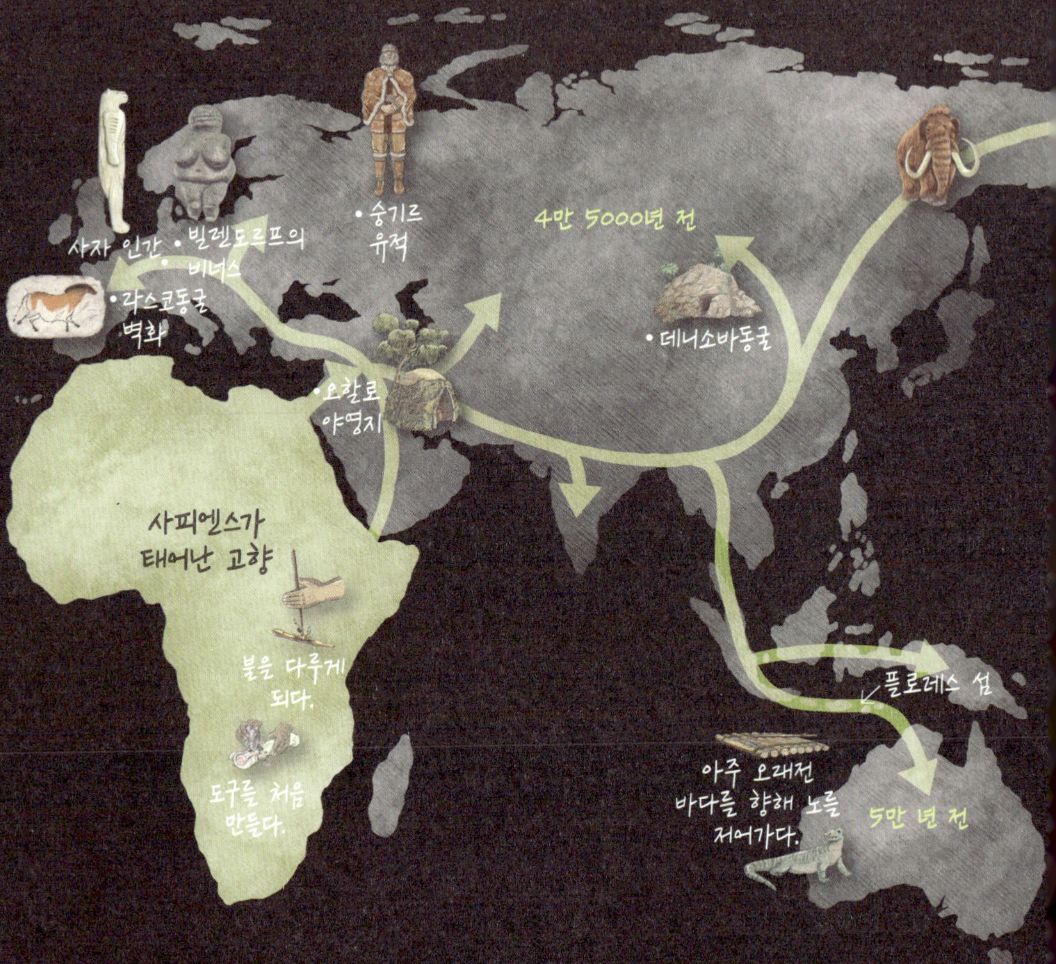